JN058786

企業法務のための
ネット・SNSトラブルの
ルール作り・再発防止

弁護士
深澤諭史 [著]
FUKAZAWA SATOSHI

中央経済社

はしがき

　本書の前作となる『インターネット・SNSトラブルの法務対応』については，幸いにも好評を得ることができた。

　もとよりネットトラブルの法的対応については，世間の注目も著しく，企業の法務担当者が直面することも珍しくなくなってきている。

　ただ，この問題を扱った書籍の多くは，一般市民向けか，あるいは弁護士向けである。企業の法務担当者向けのもの，それも，必要に応じて外部の弁護士の助力を得る視点を踏まえたものはなかなかなかった。

　そうした中で，以上の点に留意した前作であるが，どれほど需要があるか不安もあったが，多くの読者に受け容れていただけたのは望外の喜びである。

　さて，前作については多くのケースにおいて対応方法を解説したが，その見通しについては，残念ながら被害回復は困難であるとか，そもそもの責任追及が困難であるとの実情を示してまとめることが多かった。

　トラブルが起きた時点で，回復の難しい損害を被ってしまうのであれば，トラブル時の対応だけではなく，トラブルの予防のために，どのように社内で対策をしておくべきかが重要になってくる。

　そのような視点で，弁護士として裁判内外の事案を扱ってきた経験も踏まえ，「こうしていればよかったのではないか」というアイディアをまとめたのが本書である。

　また，前作でも触れたことであるが，予防対策を講じておくことは，トラブルの発生や被害拡大を防ぐだけではなく，裁判において勝ちやすくなるという効果も期待できる。そういう観点からも予防は重要である。

　なお，本書の執筆に当たっては，予防対策について単に理想論に固執することなく，誰でも簡単に日常の業務の支障にならない範囲で講じることのできること，わかりやすいこと，守りやすい方策を示すことに特に留意した。

　これは，製造業の現場や工事現場の安全対策の懈怠やそれに基づく事故とも

共通することであるが，その対策の実施に過度のコスト（手間）が生じてしまうと守られなくなり，結局，無対策と同じとなってしまうということがある。

　筆者は，実際に実務の担当者と話す機会もあるが，この実践しやすいという点については特に意を払ったので，ぜひ，その点を意識してお読みいただきたい。

　なお，本書の執筆にあたっては，中央経済社の皆様，特に石井様には大変お世話になった。また，校正担当者のご尽力のおかげで，原文より相当読みやすくしていただけたのではないかと思っている。この場を借りて，お礼申し上げたい。

2023年4月

弁護士

深澤諭史

目　次

第2章
インターネット・SNS トラブルの予防①
——組織的・物理的な防御 —————————— 27

第3章
インターネット・SNS トラブルの予防②
──心理的な防御・研修───────────93

第4章
インターネット・SNS トラブルの予防③
──再発防止 ──────────────────111

第 *1* 章

インターネット・SNS トラブルは, 発生した時点でアウト？

ネットトラブルの被害回復はほぼ不可能という現状

(1) 被害回復の実情と困難性

　本書の第一弾に当たる『インターネット・SNS トラブルの法務対応』において，繰り返し強調していたことであるが，ネットトラブル（本書では，ネットへの投稿や情報流出等を起因とする法的トラブルを一括して，こう呼ぶこととする）は，被害回復が非常に困難である。

　その理由の詳細は，本章2で触れるが，要するに，加害者を見つけることは大変だし，見つけられても，「被害前に戻せ」とはいえず，金銭が請求できるだけである。加えて，その金銭も結局十分な金額ではなく，そして，しばしば勝訴判決は絵に描いた餅となる。

　『インターネット・SNS トラブルの法務対応』をお読みになった方の多くは，「ネットトラブルは，被害が大きいだけではなくて，起きてしまった後に解決することも大変である」と実感されたのではないかと思う。これは，まさに本書の企画のきっかけになった視点である。

　筆者の弁護士としての経験を踏まえると（これは他の事件についてもある程度いえることであるが），ネットトラブルの被害者が，被害前の状態に回復する程度の賠償を得ることは非常に困難である。

　筆者は，ネットトラブルの加害者（なお，請求を受けているだけなので，必ずしも不法行為をしたと確定しているわけではない）側の弁護も多数行っているが，多くの事案で，「この賠償額（判決）だと，相手方は弁護士費用の回収もできていないだろう」と感じているというのが実情である。

(2)　ネットトラブル予防の重要性と本書の内容

　被害回復が難しい以上は，予防をすることが重要である。本書では，ネットトラブルの予防法，具体的には，情報流出にはどのような原因があるか，誹謗中傷の早期発見，あるいは，それを誘発・炎上させないための心得，ルール作りについて解説する。

　また，ルールを作ることと守らせることは別の問題である。そこで，研修の実施方法やコツについても解説をする。なお，『インターネット・SNSトラブルの法務対応』でも触れたが，研修を実施すること，そして，その証拠を作ることは，裁判で「勝つ」ための武器にもなる。

　発生後は再発防止が重要になるが，その具体的な方策，加害者対応についても解説する。特に，情報漏えいと異なり，誹謗中傷であれば，社外に「加害者」がいる。インターネット上の誹謗中傷の加害者というのは，非常に取扱いの難しい存在である。気をつけないと，返り討ちに遭うことさえある。この点を踏まえて解説を行う。

　また，それに先立ち，本章では，ネットトラブルの予防の重要性を実感していただくために，被害回復が困難な理論的，実務的な問題を取り上げる。

　昨今，ネット上の誹謗中傷が話題になっているが，加害者の責任が強調される中で，あたかも，誹謗中傷の賠償金が容易に100万円，200万円といった金額に上るとの誤解も生じているようである。

　筆者は，相談を受ける中で，「報道にあったように，100万円ぐらいとれるのか？」と尋ねられることがしばしばある。また，同じような案件を取り扱う弁護士同士で情報交換をすると，やはり，そういう期待を抱く被害者が増えている，ということはよく話題に上る。

　もちろん，実際はそう簡単に100万円，200万円といった賠償金を得ることはできない。また，それ以外の問題（障害）も多数あるから，特に強調しておきたい。

　また，この視点，つまり被害回復の困難性について理解を深めることは，研修の実施においても重要かつ有益な視点である。人間，大変な問題であるということを実感しないと，真剣にはなれないからである。

　したがって，本書においては，あえて，予防法の中身に入る前に，この点について詳しく説明する。なぜ予防が大事なのか。それは被害が大きく，被害回復が困難だからであるが，それはどうしてなのか，理論上，さらには事実上の問題について解説したい。

2　被害回復ができない法的理由と実情

(1)　そもそも加害者にたどり着けない

　インターネット上の行動というのは，基本的に匿名で行われる。したがって，加害者は基本的に匿名であり，被害者が被害回復をしようとすれば，それを突き止めるところから始める必要があるということになる。

　まずは，犯人捜しから始めないといけない，これは大きなハードルである。

　そして，その犯人捜しについては，いろいろな方法があるが，誹謗中傷（名誉毀損）であれば，「特定電気通信役務提供者の損害賠償責任の制限及び発信者情報の開示に関する法律」（プロバイダ責任制限法。なお，しばしばさらに縮めて「プロ責法」と称される）に基づく，投稿者の情報の開示請求が代表的な手段である。

　具体的には，投稿がされた掲示板・ブログ等のコンテンツプロバイダに対してIPアドレス（インターネットに接続する個別の端末を識別する符号。インターネット上の電話番号・住所のようなもの）の開示請求を行い，IPアドレ

コンテンツプロバイダへの IPアドレス開示請求（裁判）

↓

IPアドレスから経由プロバイダの割り出し調査

↓

経由プロバイダのそのIPアドレスを使っていた 契約者の氏名住所の開示請求（裁判）

※　改正法（プロバイダ責任制限法8条以下）で，コンテンツプロバイダと経由プロバイダへの裁判はまとめて行うことができる。しかし，両者を裁判の対象にしないといけないこと，最初にコンテンツプロバイダへの申立てをして，その後，経由プロバイダを申立てに加えるという手間は依然として存在する。

スを得ることになる。そして，それで終わるのではなくて，さらに，その IP アドレスから接続に使った通信会社（経由プロバイダ）を割り出し，その経由プロバイダに対して，投稿者の氏名と住所の開示を求めて，2度目の開示請求をする，ということになる。

　通信記録は一定期間で処分されるのが通常であるので，以上の手続は非常にすばやく行わないといけない。また，プロバイダ，特に，投稿者の氏名と住所を保有している経由プロバイダにおいては，任意に開示請求には応じない。したがって，経由プロバイダを被告として裁判を起こして，判決で，投稿者の氏名と住所を開示するよう命じてもらう必要がある。

　これは別にプロバイダが意地悪をしているということではない。開示の要件を満たすかどうかの判断は困難であり，判断を誤って開示してしまった場合，プロバイダは投稿者のプライバシーを違法に侵害したとして，法的な責任を追及されることになりかねない。

　一方で，開示拒否の判断については，故意または重大な過失，つまり，故意に，もしくは，重大な不注意で判断を誤った，という事情がない限りは責任を負わない（プロバイダ責任制限法6条4項）。

　要するに，法律が，プロバイダに対して，原則は非開示ということで対応しなさい，法律上もその判断を保護する，という態度を採用しているということである。そのため，プロバイダとしては拒否をしておいて，被害者は裁判に訴えてほしい，裁判所の判断に従う，という対応を取るということになる。

　読者の方も，一度くらいは，「ネット上の誹謗中傷問題の解決は難しい」という報道を目にしたことがあると思う。そもそも，スタートライン，つまりは，加害者に請求をする時点までは，遠い（そして，費用的にも高価）のである。

　さらに，悪口であれば何でもかんでも，発信者情報開示請求が認められるのかというと，そうではない。法律上の要件は，主なものとして「侵害情報の流通によって当該開示の請求をする者の権利が侵害されたことが明らかであるとき（プロバイダ責任制限法5条1項1号）」とあるとされている。権利侵害の明白性が必要である，ということである。

　これは，単に違法であるというだけではなくて，適法化される事情もうかがわれないということまで求められる，ということである。ある者にとって不名誉な事実があるとしても，それが社会の正当な関心事であり，相当な根拠があれば，そのような表現は適法となる。典型的なのは，政治家の汚職や，会社においては労働環境の問題，企業不祥事がこれに該当する。

　悪いことをしていないという事実について，一応の証明が必要であるということであり，これを証明するのはかなりの負担であり，開示請求の負担をさらに増大させている。

　『インターネット・SNSトラブルの法務対応』において繰り返し触れたところであるが，ひどい悪口でも裁判所は，表現の自由（憲法21条1項）への配慮から容易に開示を認めないので，被害者側としては，かなり厳しい状況が続いている。

　これについては，『インターネット・SNSトラブルの法務対応』51頁で触れているので，詳しくはそちらを参照してほしいが，「バカ」はもちろんのこと「妄想」，あるいは企業の関係では，社長が従業員を精神的に追い詰めて辞めさせるなど，かなりキツイ表現であっても，開示請求が認められていない。

　なお，2022年10月1日から，プロバイダ責任制限法の改正法が施行された。これにより，1つの手続（裁判）で，発信者の氏名・住所までたどり着けるようになった。これは，1つの手続内で，コンテンツプロバイダと経由プロバイダの双方を相手にする裁判を行うことができるようにするというものである。具体的な内容は，**コラム1**をご覧いただきたい。したがって，あくまで，開示請求の手続上の負担が減るというだけである。これまで開示が認められなかった投稿が，ハードルが下がって新たに認められるようになるというものではない。

　発信者情報開示請求の弁護士費用の相場は，40万円〜60万円程度＋実費＋消費税といったところであり，海外業者が関係するなどの場合は，100万円に近づくことすらある（なお，上記の簡易化された手続が創設されれば，弁護士費用が低廉になることは期待できる）。個人の被害者にとって大変な負担であることは論をまたないところであるが，企業であっても，右から左へと支出できるような金額ではない。

コラム1
　改正法に期待！　新制度って何？

　これまで述べてきたように，発信者情報開示のハードルは高い。そのハードルの高さは，コンテンツプロバイダと経由プロバイダに対してそれぞれ発信者情報開示請求をする必要があるため，①2回の裁判手続を要求されるということと，開示の条件として②権利侵害の明白性が求められる，という2点に起因している。

　そもそも，他の名誉毀損事件，たとえば，週刊誌等であれば，いきなり出版社を訴えることができる。しかし，メディアがインターネットになるだけで，訴える前に2回も裁判をしないといけないことになる。しかも，権利侵害の明白性という高いハードルが設けられている。このハードルを越えられないと，そもそも，加害者を訴えることができない，いわば門前払いということになる。

　もちろん，インターネット上の情報は，すぐに信用されるとは限らないということ，出版などと違って，気軽で率直な情報発信が許されているし，そういう素朴な感想，表現が世間に流通することにはそれ自体価値がある。インターネット上の表現が，出版等のそれ以外の表現よりも責任追及をしにくいというのは，それなりに理由のあることかもしれない。他人に対して否定的な表現をすれば，すぐに，自分の個人情報が相手に知られてしまい，いつ訴えられるかわからないというのであれば，誰も怖くてインターネットに投稿をすることは難しくなるだろう。

　もっとも，それでも，2回も裁判をしないといけないというのは，あまりに高すぎるハードルである。また，このハードルの高さは，発信者からすれば自分を守る壁になるが，（発信者情報開示請求をする）請求者が，この壁を一度越えた場合，双方にとって，次に述べるような困難な状況が生じる。

　先に述べたように，このようなケースで責任追及をする場合，発信者情報開示請求には，弁護士費用を含めて，50万円〜100万円近い費用がかかる。一度壁を越えて発信者に迫った請求者というのは，発信者に賠償請求をする時点で，それだけのコストを費やしているのである。

　そうであるとすれば，請求者としては，もう後には引けない。何としても，弁護士費用＋自分が希望する慰謝料程度の金額は獲得したいというのが，自然な

感情であろう。

　そうすると，請求額は，100万円を超え，200万円を上回ることも珍しくない。

　筆者の経験上，発信者情報開示請求を経由した場合の慰謝料の最初の請求額というのは，概ね，270万円から370万円程度が多い。200万円ないし300万円の慰謝料と弁護士費用の合計でこの金額になる，ということである。

　ただ，そもそも，このような金額を右から左へと支払える者はそうそういない。そして，(2)で述べるが，実際の賠償金の水準は，100万円に満たず，うまくいって50万円前後である（もちろん，投稿次第である）。

　そうなると，発信者としては支払に応じられないし，請求者としては，元を取りたい，弁護士費用を支払っても黒字にしたい，ということでお互いに後には引けなくなってしまう，ということである。

　発信者情報開示請求について，これほど高額な費用さえかからなければ，請求者においても，金額で譲歩の余地があり，発信者も応じることができる水準の金額で解決できるかもしれない。このような解決ができない，発信者情報開示請求のハードルの高さが，開示後の紛争の解決の困難さにもつながっている。

　要するに，発信者情報開示請求の困難性は，請求者（被害者）だけではなくて，発信者（加害者）にとっても，開示費用を含めた高額な金額を払わないといけないということであり，問題解決の支障になっているということがいえる。このような状況は好ましくないので，発信者情報開示請求について，特別な裁判手続を創設する改正法が施行された。

　総務省は，「発信者情報開示の在り方に関する研究会」を設置し，令和2年4月以降，有識者らにより検討が進められ，同年11月に「発信者情報開示の在り方に関する研究会　最終とりまとめ（案）」が作成された。また，これを受けて，令和3年2月26日には，プロバイダ責任制限法の改正案が閣議決定され，条文も公開された。

　提案は複数あるが，その骨子は，発信者情報開示請求のための，正式な訴訟ではない特別な裁判手続（非訟手続）を創設し，しかも，コンテンツプロバイダと経由プロバイダへの開示命令を1つの手続で審理して発令できるというものである。また，海外事業者が関連する案件においても配慮（正式な「送達」ではなくて，おそらくは国際郵便が利用できるようにする）が提案されている。要するに，

２回も裁判を繰り返す必要がなくなることが期待できる。

　上記改正は，本書刊行時点ですでに施行され，利用した弁護士からは課題も指摘されているが，概ね合理化・迅速化については，高評価である。そのため，発信者情報開示請求に費やす労力と金銭は，相当程度減じられることが期待できる。具体的には，３分の２，あるいは半額，海外事業者が関連する案件であれば，従来の半分未満の費用で開示請求が行えることもある。

　また，正式な訴訟でないのであれば，双方の出頭は必ずしも必要ではない。そうなると，経由プロバイダが東京に集中している関係で，ほとんどの裁判が東京地方裁判所で行われていた（民事訴訟法４条１項・４項により，被告プロバイダの最寄りの裁判所で裁判をすることが原則である）が，出頭を要しないのであれば，地方の被害者が地元の弁護士に依頼して，発信者情報開示請求をすることも容易になることが期待できる。

　もちろん，このように発信者の特定までの手続が簡易化・合理化され，コストも削減されたとしても，(2)で指摘するような問題（賠償金が十分な金額にならない）の解消は，まだ先のことになりそうである。ただそれでも，新制度は，ネットトラブル，特に誹謗中傷等の被害に悩んでいる個人・法人にとっては福音になることは間違いないであろう。

　本書執筆時点ではまだ制度が始まったばかりだが，コンテンツプロバイダの中には，手続の進行に非協力的なところもあり，まだまだ課題は多そうである。

(2)　十分な金額の判決が得られない現実とその理由

　さて，開示請求が無事に成功して，加害者の氏名・住所を得たとして，それはあくまでもスタートラインである。そこから，損害賠償請求をしなければならない。

　日本の法律上，不法行為に基づく損害賠償請求（民法709条）の制度は，あくまで填補賠償が原則となっている。填補賠償とは，不法行為で生じた損害を埋め合わせる金額が賠償として認められる，ということである。

　このように聞くと，被害全部を賠償してもらえるのであれば問題はないのではないか，と思われるかもしれない。しかし，ここでいう損害というのは，損害本体のみならず，問題の加害行為と因果関係を証明する必要がある，つまり，賠償が受けられるのは，その損害と加害行為との因果関係が証明できた範囲に限られる，ということである。しかも，金銭賠償の原則（民法722条1項・417条）といって，請求できるのは金銭のみになるのが原則である。したがって，デマにより名誉を傷つけられたので，それを打ち消すような広報をしてほしい，転載されたデマ投稿について削除してほしいなどを求めることができないのが原則である（謝罪広告という制度はあるが，認められるのは稀である）。

　そうすると，結局，実際に被害回復はしてもらえないし，お金で解決するしかないということになるが，その肝心要のお金についても，証明ができた範囲でしか認められず，十分な金額にはならない，というのが現実である。

　個人が被害者であれば，その被害は精神的苦痛であり，賠償金は，それに相当する慰謝料ということになるが，この金額は十分ではない。慰謝料というのは精神的苦痛をいわば金銭に換算するのであるが，その相場は非常に安い。インターネット上の投稿については，概ね30万円から50万円程度が平均である。10万円未満ということすらあり得る。100万円を超えるような金額が認められることは稀である。

　実例を挙げると，実名や顔写真を掲載して，性的な悪口を10件以上投稿した

という事案において，39万円が認容された判決（東京地判平成28年9月2日平成28年（ワ）7502号）がある。同事件においては，原告の主張によれば，投稿者を見つけるまでに67万円を費やしたと主張しており，それも請求しているが，一部しか認められておらず，最終的に認められた賠償金は上記（39万円）のとおりそれに満たない金額にとどまっている。

　上記の事例の他，たいていは，弁護士費用にすら満たない場合が大部分ということである。なお，一部の報道で，加害者が200万円，300万円を支払った，という事案を目にすることもあるかもしれないが，それらは特殊な例である（詳細は**コラム2**で解説する）。

　このようにネット上の表現トラブルに関する慰謝料相場が低いのは，そもそも慰謝料相場全体が低額である，ということが理由である。ネット上の表現トラブルに関する慰謝料だけが安いのではない。これは，筆者が，慰謝料の関係する法律相談の場において，わかりやすいのでいつも例に挙げていることであるが，死亡慰謝料の相場が2,000万円というのが，1つの要因になっている。つまり，人間にとって最も苦しいであろう「死亡」という辛さ，それが2,000万円（もちろん，増額の余地はある数字である）である以上，ネットの投稿に対する「辛さ」について死亡慰謝料の相場の1割すら認めてもらえないのは当然であるということである。

　以上は，個人が被害者の場合である。それでは，企業の場合はどうかというと，さらに困難である。

　企業の場合の損害は，営業妨害，事業への支障，対応コストなどになるであろう。しかし，裁判所は，ネットの投稿については，「対応時間×時間単価」や，「売上減少×××万円」など，そのような金額を積み上げた計算で賠償額を算定してくれない。個人の場合と同様に，ある程度どんぶり勘定で，一切の事情を考慮して……ということで，あまり高くない，弁護士費用にも満たない金額が認容されるにすぎない。

　ネットの投稿が原因で取引を中止されたとしても，その事実は被害者からは

わかりにくいため，証明の余地がない。事業者間取引でも，「ネットで御社に関する投稿を見たので，心配になりました」というように言われることは通常考えにくい。取引を中止する企業側はそのようなことを説明する義務はなく，そもそも，ネットの記事を真に受けたと思われたくもないが，ネットの記事が取引中止の原因であるとは告げられない。消費者との取引では，そもそも取引を始めてもらえない（顧客になってもらえない）ので，これまた被害を把握できない。したがって，損害の賠償額について，算定すること自体が非常に難しいことも裁判所で認められる金額の低さにつながっているだろう。

　裁判例も，企業側にとって比較的厳しいものが多い。たとえば，企業のある製品について，その製品と同じ名前のドメインを取得し，その商品の品質が低いなどと記載した事案でも，1,000万円の請求に対して65万円が認容されたにすぎない（大阪地判平成29年3月21日平成28年（ワ）7393号）。なお，同事件において，原告は，発信者情報開示請求の弁護士費用相当額として100万円を請求している。実際に支出した金額は不明であるが，大きく離れないと仮定すると，結果としては，訴訟で被害回復どころか，「赤字」になった，つまり，経済的には傷を広げてしまったといえる（もちろん，問題のウェブサイトを閉鎖させることが目的であったと思われるので失敗と判断することはできない）。

　他に，架空の口コミ投稿を作出することで，業者間の比較ランキングサイトにおいて，自己を1位と表示した事件において，競合他社が賠償請求をしたという事案がある。原告は，行為者の特定費用43万2,000円を含む合計264万円を請求したが，ウェブサイトそのものの掲載による損害は認められず，弁護士費用のうち8万円が認められたにすぎない（大阪地判平成31年4月11日平成29年（ワ）7764号）。

　もちろん，このような投稿（ウェブサイト）を企業としては決して放置できない。したがって，このように訴えて違法性を確定させることは，投稿を削除させ，二度と同様の行為に及ばないようにさせるためには大事である。要するに，企業としては被害回復はできないが，被害拡大の防止はできるし，やらざるを得ない場合もある，ということである。

コラム2

ネットトラブル加害者ガチャ 「SSR 加害者」を引けばラッキー!?

　このコラムのタイトルを付けるのには，やや抵抗を感じた。しかし，ネットトラブル，特に違法な投稿の被害とその回復には，こう言わざるを得ない，身も蓋もない現状がある。それを的確に，それで印象的に説明するには，これが一番と思われるので，あえて付けた次第である。

　最近のスマートフォンやタブレットで遊ぶゲームの大部分は，最初にお金を払う必要がない（なんなら，最後まで1円も払わなくてもよい）。ただ，お金を払うことで，ゲームを有利に進めるアイテムやキャラクターを購入することができる。

　購入にあたっては，自由に選択肢から選ぶこともできるが，そうではなくて，俗に「ガチャ」といわれる，一種のくじ引きを行い，ランダムでアイテムやキャラクターが手に入る，というシステムになっている。目当てのアイテムやキャラクターが登場するまで，繰り返し購入（形のないものを購入する，後日クレジットカードや携帯電話会社の料金と合算請求されるので，これを俗に「課金」という）をすることもある。これで，合計額が高額になる，特に未成年者が利用して親に高額請求が来るなどして，社会問題になったこともある。

　このように，ガチャで手に入るアイテム，キャラクターの中で，貴重で（滅多に出ない），強力なものを「SSR」などという。R とは Rare の R であり，貴重であるという意味である。S は Super であり，特に貴重であること，それが2つ重なるので，「SSR」とは，とてもとても貴重である，という趣旨である。

　さて，ゲームの解説から離れて本題に戻るが，すでに述べたとおり，ネットトラブル，特にネット上の表現トラブルにおける賠償金は非常に低いというのが現状である。また，(3)で触れるが，せっかく判決を獲得しても，実際に被害を回復するまでには大変な苦労がある。もっとも，以上は，裁判で判決まで争った場合である。被害回復に苦労するという(3)で触れる話も，加害者が認容された賠償金を任意に支払わない場合である。

　ネットトラブルに限ったことではないが，すべての法的紛争が裁判に持ち込まれて判決まで至るわけではない。話し合いで解決せず裁判になり，そして裁判中も和解が成立しない場合に，判決に至るのである。また，強制執行も，被告が任

意の履行（支払）に応じない場合にのみ必要になるものである。

　したがって，裁判を起こす前に，加害者が任意で支払に応じる，それも高額な支払に応じれば，本章1と2で述べるような問題は発生しない（ただし，事件のあった事実は残るので，3の問題だけは残る）。

　裁判で争っても，数十万円程度の賠償にしかならない見通しなのに，100万円，200万円といった弁護士費用を支払っても任意に相当な金銭を支払うケースがあるのか，加害者は「損」なのではないか，と思われるかもしれない。しかし，数，割合においてはわずかであるが，そういうケースはたしかに存在する。たとえば，投稿が脅迫などの内容を含み，刑事事件になっている場合や，加害者が公務員など，そのような処分や紛争で別に処分を受けるリスクのある場合，あるいは，それらの事情がなくても，「裁判だけは勘弁してほしい」と裁判について強い忌避感のあるケースなどがこれに該当する。このようなケースにおいては，加害者としては請求を争った場合に，お金以外に失う（と思っている）ものが多いので，高額であっても，早期に示談する動機がある。したがって，100万円，200万円，あるいはそれ以上の金額で和解が成立するということである。

　もっとも，ネットトラブルの加害者が，どのような人物であるかは，その人物を発信者情報開示請求などで特定するまでわからない。そのため，加害者が任意の支払に応じるかどうかは，運の善し悪しの問題になる。たとえば，未成年者などであり，かつ，賠償について親も乗り気ではない，というケースであれば，被害回復は極めて困難になるということもある。

　つまり，このような高額の解決ができるかどうかは，全く運の問題である。ただ，加害者が多数いる場合であれば，その数に比例して，上記のような解決ができる可能性が増える，ということである。これは，まるで，上記の「ガチャ」のようであり，いわば「加害者ガチャ」ともいえる。個人であれ，企業であれ，被害者としてはその被害は深刻なのであるから，こんなくじ引きで被害回復の可否が決まってしまうのはたまったものではない。だが，身も蓋もない現実として，このような「加害者ガチャ」次第であることは，留意する必要がある。

　ネットトラブル案件で，「高額の賠償で解決」という話を聞くこともあるが，これは，加害者について，上記のような事情があった，非常に幸運なケースである場合がほとんどである。

(3)　裁判で勝って勝負に負ける話

　誹謗中傷をはじめとするネット上の加害行為の賠償金が安いことについては，(2)において繰り返し強調してきたところである。

　ただ最近は，裁判所としても，このような事態について問題意識があり，発信者情報開示請求，つまり加害者を見つけるのに費やした弁護士費用を賠償金に加算する，あるいは，そのまま加算しなくても考慮して金額を引き上げるということもある。また，そもそもの慰謝料や営業損害の金額の算定を高めにする傾向もないわけではない。もっとも，はっきりとした統計上のデータがあるわけではなくて，あくまで，筆者の事件処理上の実感にすぎない。

　また，ネットトラブルの加害者というのは，裁判外の請求に対しても，裁判になっても（訴状が届いても），一切を無視するという者も一定数いる。この場合，裁判のルールとして，訴状を受け取っているのに欠席をすると，原告の言い分をすべて認めたという扱いになる。

　慰謝料というのは法的な評価の話なので，欠席裁判でも満額認められるとは限らないが，基本的に争いがないのであれば，裁判所は非常に高額な慰謝料を認める。そのため，加害者が欠席する，欠席しないまでも，弁護士を付けず反論ができないなどの事情により，裁判所が被害をきちんと認定してくれて高額な判決を得られる場合もないわけではない。

　したがって，弁護士費用を支払って，まだ余りある・被害回復できる程度の賠償判決を得られた，つまり，裁判に勝つこともあり得る。

　では，そうであれば，それでめでたしめでたしといえるかというと，もちろん（？）そうではない。

　民事裁判の判決の主文（判決の結論）には，このような記載がされる。すなわち，「被告は，原告に対し，金100万円を支払え」というような記載がされる。なお，実際は，これに加えて，遅延損害金といって，被害の発生日から年3％の利息と，訴訟費用という印紙代の負担なども命じられる。

　では，裁判所が，「100万円を支払え」といっているのであるから，自動的に被告が支払ってくれるのかというと，そうではない。また，裁判所が勝手に取り立ててくれるかというと，それもそうではない。もちろん，被告の家に押しかけて，勝手に財産を持ち出すなんてことも当然許されない。そんなことをしたら，今度は，こちらが泥棒扱いされ，責任を問われることになりかねない。

　裁判所の判決が出れば，みんなそれに従うのかというと，そうではない。意外と思われるかもしれないが，裁判所の判決を無視する（される）ケースは少なくない。裁判をして判決まで終わった，勝訴した，控訴等もされずに確定した，でも，支払ってくれない，というような相談を弁護士が受けることはしばしばある。

　裁判所の判決に従わないことについては，罰則は存在しない。これが，刑事事件であれば，罰金を支払わないのであれば，その「代わり」に労役場留置といって，1日5,000円，罰金50万円であれば100日間，労働を強制されることになる。しかし，民事訴訟には，そのような制度はない。

　では，裁判所の判決で認められた賠償金について，被告が任意に支払わない場合はどうするか。この場合，強制執行といって，裁判所に申立てをして，裁判所により，強制的に債務者（強制執行の段階に至った場合，申し立てる元原告を債権者，その相手である元被告を債務者という）の財産を差し押さえるという手続をとることになる。ただ，この手続が非常に大変である。自動的に裁判所は強制執行をしてくれない。裁判所に行って，各種の証明書を取得し，その上で申し立てる必要がある。また，このときに，「どの財産を差し押さえるか」を指定する必要がある。

　しかし，そもそも債務者の財産というのは，他人の財布の中身である。ある人がどこにどういう財産を持っているかなど，通常はわからないことがほとんどである。

　たとえば，不動産であれば，その場所がわかれば，登記簿を見て，不動産から所有者を割り出すことはできる。しかし，逆方向，つまり，所有者から所有不動産を割り出すことは容易でない。

　給料の差押えは，心理的にもプレッシャーをかけることができるので，これは最も有効であるが，そもそも勤務先がわからないことが通常である。また，預金を差し押さえようにも，銀行名だけではなくて，多くの銀行（特に都市銀行）は，支店名までの特定を要求される。ATM やネットバンキング全盛の今日においては，債務者の最寄りの支店に口座があるとは限らない。となると，現実的には預金の差押えも非常に難しい，ということになる。

　さらに，動産執行といって，債務者の居宅に赴いて，その家財道具等を差し押さえる手続もあるが，これまた非常に困難である。費用も手間もそうであるが，そもそも，差し押さえられる財産がないことがほとんどである。家電製品も，買えば10万円するものでも，売ると 1 万円にもならない，ということはしばしばである。しかも，生活必需品は差し押さえることが禁じられており，現金は，66万円を超える部分しか差し押さえることができない（民事執行法131条 3 号，民事執行法施行令 1 条）。今日，自宅に66万円を超える現金を保管している例は稀であろう。

　したがって，判決はしばしば，「絵に描いた餅」に終わるのである。ここまでやって，費用をかけても，1 円も手に入らない，むしろ，強制執行のために時間と費用をかけてしまって傷口を広げる，いわば「裁判で勝って勝負に負ける」ということは，頻繁に起こる（弁護士であれば，誰しも一度は経験のあることだろう）。

　このような，裁判所の判決が絵に描いた餅になってしまう現状は，長年，問題視されてきた。そこで，近時の法改正で，財産開示（民事執行法196条以下），あるいは，第三者からの情報提供（銀行から口座情報を得るなど）（民事執行法204条以下）という制度が創設された。もっとも，このような制度は無条件で使えるわけではない。また，これらの制度を利用するにあたり，別にコストがかかる。また，これらの制度を利用してもわかることは，債務者の財産の場所だけである。債務者が十分な財産をもっていないのであれば，結局は，賠償金を回収することが不可能であることに変わりない。

(4) それでもやっぱり回復できない

　無事に裁判で勝ち，財産を見つけ，強制執行をして，それで判決どおりに回収できたとしても，やっぱり被害は回復できない。

　ここまで「フルコース」でやった場合，弁護士に支払う費用はもちろんのこと，時間も相当かかる。さらに，弁護士費用は各自負担が原則である。被害者といえども，自分の弁護士費用は自分の財布から出さないといけない。

　費やした時間も戻ってこない。法律上，年３％の利息が発生するルールになっているが，時間に見合う価値は通常はない。

　しかも，企業の場合，誹謗中傷にせよ，自社の商品やサービスに関するデマにせよ，情報漏えいや悪用，著作権侵害にせよ，できれば，過去のものにしたいところである。時間がかかって，それで解決したという場合，これでプレスリリースをすると，「まだやっていたのか」あるいは「え，そんなことがあったのか」ということで，蒸し返すことにもなりかねないからである。

　そのため，**コラム2**で述べたようなケースでもない限り，裁判に勝ち，差押えにも成功しても，やっぱり被害は回復できないのが実情である。

コラム 3
町弁の必修科目「強制執行制度の説明」

　「町弁」という言葉を聞いたことがあるだろうか。マチベンとカタカナで書かれることもある。

　どういう意味かというと，普通の街にいる弁護士，町医者の弁護士版であり，個人の依頼者を主な顧客とする弁護士のことである（もちろん正式な定義があるわけでもないので，これは筆者の理解である）。

　企業にとってですら，弁護士に依頼することはそうよくあることではない。個人であればなおさらである。したがって，町弁は，依頼者にとって最初で最後の弁護士となることが多い。これまでに弁護士に依頼したことがなく，たぶん，これが最初で最後の依頼，ということである。

　そうなると，町弁としては，依頼を受けるのであれば，あらかじめ詳しく依頼者に説明しないといけない。さもないと，こんなはずじゃなかったとトラブルになるからである。特に個人間のトラブルだと高葛藤案件（双方の感情的対立が激しい案件）も多く，期待外れとなると，弁護士に矛先が向いて，それで弁護士とのトラブルに発展しやすい。これには，勝てるか負けるかの説明はもちろんであるが，それまでにどの程度の時間がかかるのか，勝てるとしても，大勝なのか辛勝なのか，そのような説明も必須である。

　そして，それよりも大変なのが，「強制執行制度」の説明である。裁判で判決が出れば，自動的に支払ってもらえる，相手方はお手挙げで降参して判決にすぐに従うはず，給料から裁判所が自動で天引きしてくれるなどという誤解は根強い。

　しかし，判決が出るまでこじれた案件で，しかも個人が相手ということになると，双方の感情的対立は激しい。筆者の経験上も，原告側を担当して，支払を命じる判決が確定したにもかかわらず，一切支払わない，「支払う気はない」と明言されるなどもあった。また，被告側を担当して，「自分で払う気はないので，勝手に差し押さえてもらってよい」などと言われることもしばしばあった。

　特に訴える側からすると，市民感覚でいえば，「裁判所の判決が出れば自動的に支払ってもらえるはず」というのは自然で一般的な感情であるが，説明してきたとおり，それは実態とは異なる。

　この点，つまり，判決というのはしばしば絵に描いた餅になってしまうこと，その絵に描いた餅を食べられるようにするには，つまり強制執行してお金にするには，相当な苦労が必要であり，しかも，それができるという保証もないことを依頼者に十分説明する必要がある。弁護士であれば，筆者も含めてそのほとんどが，勝訴判決が絵に描いた餅になってしまった経験がある。しかし，これは，市民感覚からは大きく乖離している現象である。この点について説明を尽くすのは，特に両当事者が一般市民，個人である町弁にとって必須のテクニックであり，いわば必修科目であるといえる。

　以上は，町弁の案件，つまり紛争の両当事者が一般市民であるケースだけの問題ではない。一方当事者が企業の場合，つまり，本書を手に取るような企業の法務担当者や弁護士であっても，同様のリスクがある。なぜなら，企業に対して，ネット上の表現等や情報流出の加害者になるのは，いずれも個人であることがほとんどであるからである。

　誹謗中傷のケースであれば，ライバル企業が工作をするというようなことは想定しがたい。一般市民，消費者などが中傷を投稿することがほとんどである。そうすると，上記のような，絵に描いた餅の問題というのは，企業にとっても常に存在する，ということになる。

　また，情報流出のケースも同様である。この場合，加害者（事故を起こした者）は，企業自身の従業員ということになるが，従業員は個人である。そうすると，その従業員へ賠償請求をすると，やはり個人相手の差押えの困難性の問題にぶつかることになる。

　ネットトラブルにおいて，企業は基本的に被害者になることが多く，加害者はほとんど個人である。したがって，企業間紛争のように「判決に従わない」リスク（ただし，倒産する会社で財産がない等のケースを除く）をあまり考えないでよい，ということにはならないのである。

3　事件は終わるが被害は終わらない

(1)　ネットトラブルは企業の「賞罰欄」

　賞罰欄とは，勲章などをもらった，あるいは，刑事罰を受けたなどを記載する欄である。通常，履歴書を作って就職活動する年齢層の場合は，勲章をもらうにはまだ早いので，たいていの場合は，「賞罰」のうち「罰」があれば記載するということになる。

　したがって，ほとんどのケースでは，「なし」と記載されることになる。また，そもそも，採用する企業からすれば，「賞」はともかく，「罰」については確認方法がないので，隠されてしまうとどうしようもない，という問題がある。仮に前科前歴があったとしても，すでに処罰を受けて事件が終わっているのであれば，それを申告させてマイナスに取り扱うのはどうか，という問題もある。また，そもそも，多くの人が「なし」と記載する以上，スペースの無駄ではないか，他に書かせることがあるのではないか，という話もある。

　そういうわけで，最近は，必要性がないということで，賞罰欄がない履歴書も多い。筆者は，刑事事件の弁護もすることがあるが，「前科がつくと賞罰欄に書かないといけないんですよね？」と質問を受けることがある。そういう場合，「そうですけれども，最近は，記載欄がないことが多いですよ。」と返している。

　さて，そのため，企業としては，採用「する」個人については，その賞罰のうち「賞」はともかくとして，「罰」を知る機会はあまりない。筆者としては，前述したとおり，刑罰について刑罰そのもの（罰金等）以外の不利益を課すのは原則として消極的な考えであるので，よい傾向であると思っている。

　ところが，個人からみた企業の賞罰欄は別である。企業には公開の賞罰欄が

あり，取引先，顧客，そして応募を検討する就職活動中の学生から常に閲覧に
さらされている。その賞罰欄というのが，他ならぬインターネットの検索結果
である。社名で検索すると，不祥事を記載したページや，否定的なキーワード
のサジェストが表示されることにより，過去の不祥事（やっかいなことにデマ
も含まれる）やトラブルが記録されて表示され続ける，ということである。こ
こで，サジェストというのは，検索キーワードの入力欄や検索結果に，他の検
索キーワード候補として言及される表示のことをいう。たとえば，「○○食品
工業」で検索すると，入力欄には，「○○食品工業　ステルスマーケティング」
「○○食品工業　産地偽装」と表示されたり，検索結果に，「○○食品工業　採
用担当者暴言」「○○食品工業　パワハラ事件」などと表示されたりすること
をいう。

　企業が不祥事を起こせば，それがネットトラブルであるか否かを問わず，
ネット上には多数掲載される。しかし，ネットトラブルであれば，それは非常
に顕著である。誹謗中傷やデマであれば，面白おかしく転載され続けるし，情
報流出であれば，本来秘密の内容が見られるということで，これまた興味関心
を呼んで転載が続けられることになる。

　さらに，企業自身のネット上の情報発信に不手際があった場合は，文字デー
タなので，コピーも簡単で，非常に拡散しやすい。過去に，B to C の大手メー
カーの採用担当者が，災害の最中なのに採用応募期間を非常に短い期限で設定
する，就活生を下に見ているかのような表現を節々に記載する，そのような文
面を就活生に一斉メール送信をして問題となった事案があった。この事件は10
年以上前の事件である。しかし，今でも，サジェストには事件関係のキーワー
ドが並び，全く風化していない。そして，災害が起きるたびに，SNS では，
社名と人名とが並んで発信される。これは極端な例であるが，名だたる大企業
ですら，このようなトラブルを抱えることもある，ということは留意が必要で
ある。

　ネットトラブルの事実，不祥事は保存や複製がしやすい，だから，拡散され
やすい，そして，保存や拡散された不祥事は，検索により容易に誰でも調べる

ことができる。だからこそ，ネット上の検索結果が，企業にとってのいわば賞罰欄になってしまう，という現状があるのである。

　わざわざそんなことを調べるのか？　と疑問に思われるかもしれない。しかし，採用する企業の側が学生のエントリーシートや履歴書を熟読するように，応募する側の就活生も，社名などで検索してしっかり調べてくるのである。最初から，過去の不祥事の有無を確認するつもりで検索をするわけではなくても，企業研究の一環として検索したら，ネガティブな情報にたどり着く，ということも十分に想定できる。

　筆者の経験上も，この「ネット上の賞罰欄」の悪影響は非常に大きい。それは，真実であればもちろん，ウソであっても同じである。ネット上のネガティブな投稿を削除してほしい，と企業から相談を受ける際，それに気がついたきっかけについて尋ねると，多くの場合，次のような回答が返ってくる。「検索して見つけたのではなくて，内定者から辞退があったことがきっかけです。辞退者に理由について尋ねたら，企業名で検索したら○○という情報があって，不安になった，家族からも止められた，といわれました。これではじめて気がついて，驚いています」。こういうことは珍しくない。

　以上のような事情があるので，企業の賞罰欄は綺麗なままがよいし，虚偽があれば，削除請求などの法的措置を積極的に検討すべきである。もっとも，(2)で述べるように，これも容易ではなく，端的にいえば，裁判所はとても冷たい，という現実がある。

(2)　冷たい裁判所

　検索結果が企業の賞罰欄であるというのであれば，そのような結果やサジェストについて削除を求める裁判を検索エンジンの運営会社に対して起こすことも考えられる。しかし，それは容易ではない。ほぼ不可能である，といってもいいくらいである。裁判所は，検索結果に関する訴訟については，請求者にとって非常に厳しい判断をしている。

　検索エンジンは，インターネットの情報取得ルートを確保するものであるとして，社会インフラであると評価されている。裁判所は，この見解に立って，検索結果に手を入れる（削除等を命じる）ことには，非常に慎重なのである。このような判断は，それなりに合理性がある。一定の検索結果の削除を認めると，インターネット上から，それにたどり着く方法が事実上なくなる。仮に検索結果に不満があるのであれば，検索結果そのものを根こそぎ消し去るような方法をとるのではなくて，個別の投稿を削除すればよいのではないか，ということである。この判断に反論することはとても困難であり，この傾向は今後も続くことが見込まれる。

　裁判例（大阪高判令和元年 5 月24日判タ1465号62頁）上は，「人格権としての名誉権に基づき検索事業者による検索結果の削除を求めることができるのは，昭和61年判決に準じて，検索結果の提供が専ら公益を図るものでないことが明らかであるか，当該検索結果に係る事実が真実ではないことが明らかであって，かつ，被害者が重大にして回復困難な損害を被るおそれがあると認められる場合に限られるというべきであり，その主張及び立証の責任は被害者が負うというべきである」という基準を定立している（なお，上告棄却・不受理により，同判決は確定している）。「重大にして回復困難な損害」が要求されており，請求者は，それを立証する責任があるということで，かなり重たい負担である。

　なお，この事件は，原告は個人であり，50年前に暴力団員であった等の事実がわかる検索結果の削除を求めた事案である。判決では，削除義務は否定された。この事件で，原告は社会的地位が高いという事情があったが，それでも50年前のことであり，もはや暴力団とは関係がないにもかかわらず，それでも検索結果の削除を認めなかったということで，相当に厳しい判断であるといえる。

　これを企業（法人）に照らして考えてみると，完全な事実無根であり，それを証明できるケースでもない限り，まず検索結果の削除は認められない，ということになるだろう。

　なお，以上は，検索結果の削除のケースである。個別の記事の削除については，ここまで高度の証明は求められてはいない。

　もっとも，企業にとって，一番気になる，そして影響が大きいであろう職場の労働環境に関する投稿については，裁判所は非常に厳しい判断をしている。たとえば，「ブラック企業」「パワハラは，日常。上司日本語理解できない」といったかなり攻撃的な投稿であっても，権利侵害の明白性（削除請求ではなくて，投稿者の個人情報の開示を求める案件だったので，やや要件が重い）を否定した例（東京地判令和2年1月29日令和1年（ワ）21776号）がある。裁判所の理屈としては，「インターネット上の掲示板には出所不明の虚言や流言飛語，単なる推測や噂話の類いが多数出回っていることは顕著な事実であり，その類いの投稿がされたとしても，直ちに社会的評価が低下するとはいえない」ということである。ただ，これについては，筆者の実感と異なるのは，前記のとおりである。このような投稿であっても，就活生が不安がって就職をためらうことはあり得るし，現に起きている。

第 2 章

インターネット・SNS トラブルの予防①
——組織的・物理的な防御

....

1　ルール作り

(1)　なぜルールを作るのか

　ネットトラブルのうち，情報漏えいは従業員の故意や過失により生じるものである。つまり，従業員がわざと，あるいは不注意で情報漏えいをしなければ起きるものではない。情報漏えいは，不正アクセスなどの例外を除けば，企業が加害者であり，それが起きるかどうかは，企業（従業員）自身の問題である。

　したがって，情報漏えいは，企業内できちんとルールを定め，かつ，それを従業員が遵守すれば基本的にはすべて防げる，ということになる。したがって，ルール作りは重要である。

　正確には情報漏えいとはいえない，従業員や公式アカウントの不用意な言動による「炎上」についても同様である。企業の対外的な情報発信で炎上するケースは，後から見てみると，「なぜこんなことを言ったのだろうか」というケースが多い。たとえば，就活生への無茶な要求，他社製品との露骨な比較などである。このような投稿は，たとえば，「一定のテーマを禁止する」「事前に複数名で確認する」などを徹底すれば，防げるはずである。

　また，炎上という域にまで達しなくても，不適切な言動というのは，誹謗中傷の呼び水となる。もちろん，誹謗中傷においては被害者に責任はない。しかし，被害者に「原因」があることは珍しくない。たとえば，政治的に賛否の分かれているトピックにおいて，片方を応援するかのような（そう理解できる）投稿をした場合，それ自体はもちろん悪いことではない。ただ，それがきっかけで誹謗中傷の被害に遭うということは容易に想定できる。

　そして，その被害回復の困難性は**第1章**で繰り返し述べたとおりである。ネットトラブルのうち，誹謗中傷については，「自分は悪くない。悪いのは加

害者である」というのは，正しいのだが，その正しさは企業にとってたいした意味がない（正しくても被害回復できない）のである。

　ネットトラブルの大部分は，従業員の心がけ次第で予防することができる。そして，その心がけを根付かせ，守らせるには，ルールを適切に作成することが重要である。

(2)　企業のルールには何があるか

　企業（会社）のルールというと，真っ先に会社法が浮かぶと思われるが，ネットトラブルにおいて重要なルールはそれではない。ネットトラブルにおいて重要なルールは，従業員と企業との関係を定める労働法，特に労働契約法であり，就業規則である。

　就業規則は，使用者つまり雇い主である企業が自由に定めることができる職場のルールである。なお，自由に定められるといっても，作成や変更には一定の制限がある。

　就業規則は，10人以上の従業員を常時使用する場合には，作成が義務づけられている（労働基準法89条柱書）。通常は，従業員の賃金や労働時間，休暇休憩などの待遇や服務に関する細かいルールを定めていることが多い。ひな型も書籍やインターネットで豊富に入手することができ，通常は，これらのひな型に各企業の個性，事情を踏まえた修正を施して採用しているケースが多い。就業規則においては，従業員の懲戒に関するルールも定めることができる。つまり，一定の義務を従業員に課して，これに違反する者に懲戒処分を予定することで，一定の行為をすること，あるいはしてはならないことを義務づけることができるのである。

　(1)で触れたとおり，ルールを作成するのは，従業員にネットトラブル予防のための心がけを身につけてもらう，ルールを守ってもらうためである。労働契約法は法律なので，各企業がそれぞれ定めることはできない。したがって，自由に定めることができる，この就業規則でルールを定める，ということになる。

(3)　いらないけれども必要な就業規則の記載

　(2)で就業規則によってルールを定めるべきであると述べた。しかし，理論的・形式的にいうと，ネットトラブルの予防法やネット利用上の禁止事項などについて就業規則に定める必要はない。法律上の義務はないのはもちろんのこと，業務上でインターネットの不適切利用（情報漏えいや，他人の権利を侵害する投稿等）をすることは，既存の就業規則に違反するからである。

　要するに，わざわざ定めなくても，インターネットの不適切利用は禁止されているし，それにより懲戒の処分を受けることも当然であり，既存の就業規則にも違反する，ということである。

　たとえば，厚生労働省が提供しているモデル就業規則（https://www.mhlw.go.jp/stf/seisakunitsuite/bunya/koyou_roudou/roudoukijun/zigyonushi/model/index.html）がある。この67条には「会社は，労働者が次条のいずれかに該当する場合は，その情状に応じ，次の区分により懲戒を行う（後略）」という定めがある。そして，次条（68条）は懲戒事由を定めているが，1項③に「過失により会社に損害を与えたとき。」との定めがある。また，同2項⑤では故意の場合も定められており，情報流出はもちろん，誹謗中傷をはじめとしたインターネットの不適切利用は，これらに該当することは明らかである。

　したがって，就業規則の定めが「足りなくて」ネットトラブルに対応できない，ということは基本的にあり得ない。筆者の経験上も，これが問題になった事案に接したことは一度もない。それにもかかわらず，就業規則にルールが「必要」な理由は，次の観点からである。

---

①　従業員への周知・教育効果がある。
②　違反時の指導が効果的になる。
③　違反時の処分が容易になる。

①企業は，就業規則について，意見を集めたり（労働基準法90条1項），周知をする義務がある（同法106条1項）。従業員は就業規則を遵守する義務があり，就業規則への違反は懲戒等の不利益な取扱いの理由になる。したがって，従業員にとって，就業規則に記載されたことに十分注意をし，守る動機にもなる，ということである。

本書では，今後，研修のコツについても触れていくが，決まりを遵守させる上で重要なのは，「会社のためだけではない。違反をすれば自分にも不利益・責任が生じる」ということを実感してもらうことである。筆者は，企業向けに研修講師を務めることもあるが，「従業員個人に責任が生じる」という話をすると，会場の空気が少し変わる（集中して聞いてもらえる）ことをたびたび実感している。

このような意味で，従業員への周知・教育効果を狙って，就業規則に定めを置くことは有効である。

②次に，違反時の指導が効果的になるという点も重要である。違反があったが，実際に損害がなかったというケースで，ただちに懲戒処分にするほどではないケースで有用である。たとえば，顧客情報を社外に持ち出してはいけない，というルールがあるにもかかわらず，これに違反したが実際に漏えいなどもなかった，持ち出しも短時間であったような場合には，解雇はもちろん，何らかの懲戒処分とすることも難しいであろう。ただ，こうした場合に，「貴殿は，社外持ち出しが禁じられている顧客データ○○○を USB メモリにコピーし，これを社外に持ち出しました。このような行為は，就業規則○○条○に違反する行為です。今後，このような行為を行わないよう，ここに指導します。」という文書でも指導が容易になる。具体的に，指導をする場合でも，就業規則への違反を指摘することができれば，説得力も増すといえる。

③さらに，あまりに悪質であり，懲戒処分をする場合にも有益である。就業規則に直接違反している，また，②のような指導を繰り返したという事実は，懲戒処分の有効性を争われた場合の非常に有力な武器になる。

ネットトラブルに限らないが，従業員を懲戒する，特に解雇処分については，

それまでの積み重ねが大事である。「前々から不良社員だった。これで堪忍袋の緒が切れたので，解雇する！」というのは，なかなか通用しないことが多い。それまでに，問題点を指摘して指導に努めてきたが，一向に改善しない，ということが重要になる。

　以上，要するに，就業規則にネットトラブルの予防のために，ネットの利用について定めることは，純粋に法的にいえば，必要はない。私的利用や誹謗中傷，情報漏えい，不適切なネットの利用は，いずれも，既存の就業規則に違反するし，懲戒処分ができなくて困るということはまずあり得ない。しかし，それでも明文であえて定めることで，従業員に自覚を促し，指導をしやすくするという効果がある。

　これが，「いらないけれども必要」であると表現した趣旨である。

　さて，最後に具体的な定めであるが，理想をいえば，本章2節以降で述べるような内容を具体的に記載することが望ましい。

　もっとも，就業規則の修正には一定の手間，手続が必要になるため，細かい改正に対応することが難しい。したがって，大雑把な基本点だけを定め，細かい部分は，会社の指示に従う，ルールに従う，というように記載することが効果的である。

【就業規則に定めを置く場合の文例】

　第○○条　労働者は，会社から貸与されているコンピュータ，通信回線を適切に利用し，私的に利用（休憩時間を含む。）をし，あるいは会社に対して損害を与える使用をしてはならない。

2　労働者は，会社から貸与されているコンピュータ，インターネットの利用について，会社の指示並びに定められたルールを遵守しなければならない。

3　会社は，業務上の必要がある場合は，労働者に貸与したコンピュータ，インターネットの利用について，必要な調査を行うことができる。労働者は，この調査に協力しなければならない。

　後記(4)で触れるとおり，細かい指示については，全社向けの電子メールで注意点，遵守事項を伝えることも必要かつ有効な手段である。このような場合において，上記2項は，細則（細かい決まり）を別に定めることができるという効果がある。上記3項は，不適切使用については，たとえばブラウザのアクセス履歴を確認する必要も出てくるので，その調査権限を定めたものである。

　もちろん，これらの条項がなくても，会社に損害を与えるような利用をしてはならないのは，当然である（1項）。従来から各社が持っているような就業規則には，会社の備品を適正に利用しなければならない，業務外に利用してはいけない，利用することで会社に損害を与えてはいけないという趣旨の定めがあるはずである。それでも，理論的には十分に対応できる。上記2項や3項についても，概ね同様であろう。

　もっとも，上記①ないし③で述べたとおり，就業規則上にこのような記載をすることで，従業員に明白に，ネット利用の適正確保のための意識を持たせることができる。また，違反時の指導についても，就業規則の条文を摘示することができれば，従業員への教育効果も大きくなるであろう。

　したがって，こういう定めは，「いらないけれども必要」であり，そして有効に作用する。

(4)　メールで周知するだけでも効果あり

　このようなルールの定めについて，就業規則で細部に至るまで定めるのは現実的ではない。それこそ，本章3節以降で触れるような，「返信」機能の利用や，タイトル，クラウドの関係など，そのようなものをすべて定めるとなるとキリがない。

　そこで，前記(3)の就業規則の文例の2項に定めるとおり，会社は随時にルールを定めるが，従業員はそれに従うように定めることが適切である。法律の話にたとえると，国会を通す必要のある法律に細則まで定めると大変なので，細部は省令で定める，とする例は多数ある。就業規則と社内ルールもそのような

関係にあるといえる。

　具体的には，社内ルールということで，本章3節以降で触れるようなルールを，随時，メールで周知することが有効である。メールであれば，一種の文章として証拠に残る。そうであれば，遵守しなかった場合に，指導したり，処分をしたりするときも役に立つ。加えて，折に触れて口頭で伝えるより，ルールとして文章の形式で伝えられたほうが，言われるほうも守りやすい。

　したがって，随時，メールでルールを周知することは有効適切である。

2　ルール運用のコツ

(1)　はじめに：筆者の経験

　筆者は，弁護士としての独立が比較的，早いほうであったため，業務に使うITツールを自分で決める必要があった。業務の効率化，コストの削減，そしてセキュリティの確保など，いろいろな基準でツールを選び，あるいは変更してきたが，教訓としては，次のようなものがある。これは，企業におけるネットトラブルの防止の観点からも参考になる視点ではないかと思う。

---

①　システムのコストは金銭コストだけではなくて，運用の手間暇も含まれる。そして，後者のほうが高額である。

②　素晴らしいルールを定めても，遵守に手間暇がかかるのであれば，①と同じ問題が生じる。

③　手間暇がかかるルールは，守れなくなるばかりか，かえってミスを誘発して事故の原因となる。

④　自分のミスは自分では気づかない。

　企業におけるネットトラブルの予防法というと，厳格なルールを定めることが有効に思われがちであるが，そうではない。筆者は，情報漏えいや不適切な発信などのネットトラブルについて相談が持ち込まれると，まず社内ルールの有無とその運用状態を尋ねるが，全くルールがないというケースばかりではなく，むしろ厳格なルールが定められていたにもかかわらず守られていなかった，というケースもしばしば目にする。

　したがって，ルールの策定にあたっては，守りやすさなども考慮する必要がある（詳細は(2)で述べる）。

コラム4
弁護士業界と情報漏えいと IT 化

　米国には，スミソニアン博物館という国立の博物館がある。同博物館の展示品は多岐にわたるが，その中の1カテゴリに産業遺産というものがある。この産業遺産に，「ファクシミリ」が加わったというニュースが報じられたが，同時に，まだ日本ではファクシミリが現役であることが話題になった。

　法曹界においては，ファクシミリはまだまだ現役バリバリである。何といっても，こんな定めがあるくらいである。

民事訴訟規則3条1項柱書
　裁判所に提出すべき書面は，次に掲げるものを除き，ファクシミリを利用して送信することにより提出することができる。（以下略）
同2項
　ファクシミリを利用して書面が提出されたときは，裁判所が受信した時に，当該書面が裁判所に提出されたものとみなす。

　わざわざ裁判所の窓口まで持参する，郵送する（センシティブな情報が満載なので，郵送には本当に気を遣う）などよりも，ファクシミリのほうがはるかに便利であるが，時代遅れの感は否めない。ファクシミリの誤送信の事故はたびたびあるので，事前にテスト送信する，電話して「届きましたか？」と確認するなど，未だに相当にアナログなことをしている。

　このような事務コストは，最終的には弁護士の依頼者に転嫁されかねないので，法曹界，特に裁判手続の IT 化は喫緊の課題であるといえる。

　特に，令和2年以降，新型コロナウイルスの爆発的な感染拡大に伴い，極力，面談や法廷に行くことは避けるべきとされた。現在，行動制限等は緩和され，マスクも個人の判断ということとされたが，それでも新型コロナウイルスは未だに猛威を振るっている。裁判所も弁護士会も，テレビ電話の活用を続けているという状況である。

　こうした中，裁判所は，インターネットを利用して双方の画像と音声を認識できる，いわゆるウェブ会議システムを利用したテレビ電話にて裁判期日を開催することを広く認めている。もちろん，尋問などは難しいが，法廷に行かないでできることは，極力オンラインでやろう，ということである。

　裁判所のそばに法律事務所を設置している弁護士でも，往復時間や待ち時間などで30分程度は使うし，裁判期日本体は数分で終わる，一番時間がかかるのは，「次の期日の調整」であったりする。このような不合理な時間の使い方を防止でき，移動時間がない前提であれば，お互いの時間設定を柔軟にできるので，期日調整もスムーズである。民事訴訟のIT化は，裁判の迅速化にもつながっている。

　ところで，IT化するとなると，弁護士が保存している裁判資料も，電子化されることになる。たとえば，事件記録をPDFで保存するなどである。そうすると，当然，情報漏えいが問題になる。もちろん，以前から，書類が紙に吹かれて飛んでいった，などというような漏えいはあったが，電子化された書類であると，その影響は深刻である。1枚2枚の書類であれば風に吹かれるが，記録のファイル1冊がまるごと吹き飛ぶことはない。しかし，電子化された場合，たとえば，USBメモリであれば，落としてファイル1冊分の情報が漏えいする可能性もある。筆者が耳にしただけでも，事件記録を入れたUSBメモリを紛失した，事件について議論するメーリングリストについて第三者が閲覧できるようになっていたなど，そのような事例が発生している。さらに，弁護士が参加しているメーリングリストに，依頼者とのやりとりなどが誤送信されるという事故も目にすることがある。大勢の弁護士が参加しているので，相手方（敵方）の弁護士もいるかもしれず，自分の身に起きたら……と考えると非常に心配になる（こうした事故の防止方法，心がけについては，本書においても扱う）。

　このような情報漏えいについて，IT化，記録の電子化が原因であるとして，そもそもセンシティブな情報は電子化するべきではない，という意見もある。しかしながら，紙にしたところで風に吹かれて飛んで行ってしまうことはあるため，電子化されたから危険であるということは必ずしもいえない。

　さらに，弁護士が作成する文書は，証拠書類と同様にセンシティブな内容が含まれる。センシティブな情報の電子化を拒むのであれば，同様に，文書作成も電子化してはいけない，ということになる。そうすると，文書作成にパソコンを使

わないで手書きで行うべき，ということにもなりかねない。

　つまり，IT化はやはり避けがたいため，どのように情報漏えいなどのトラブルを避けるべきか，それを真剣に考えるべきである。「情報漏えいが怖いので電子化はしない」は，もはや時代遅れの発想であるだろう。

(2)　ルール作りと運用の3原則

① わかりやすいこと
② 実行が簡単であること
③ 文書にしておくこと

まず，①が大事なのは，理解していただきやすいと思う。ルールは守ってもらうためにあるわけだから，わかりやすいことは，どんなルールにおいても必須である。

もっとも，ネットトラブル防止の観点からは，わかりやすいことは十分に意識しないといけない。

しかし，こうしたルールを作るのは「詳しい」人が担うことが多い。そのため，詳しい人が詳しい人のために，詳しい人でないとわからないような難しいルールを作ってしまいがちである。実際，筆者の経験上も，失言や情報漏えいの事件を起こした企業の中には，立派なルールが備わっていたところも少なくない。しかし，ルールが守られていないから，事故が発生したのである。といっても，ルール無視の不良社員が起こしたかと思いきや，そういうわけではなく，ルールの内容を正確に理解していなかったことが原因であるケースが大半である。

具体例を挙げると，公式アカウントの情報発信について，「意見が対立している分野については言及しないこと」，「政治的なことは発信しないこと」などのルールがあり得る。しかし，意見が対立している分野かどうかについては，個々人の基準次第でどうにでも解釈されてしまう。電車と飛行機，どちらが速いかと聞かれれば，飛行機と答える方が多そうだが，乗降や手続時間，遅延リスクまで入れたらどうなのか，と問われると答えが分かれるだろう。この例において，あらゆる分野について意見の対立は想定されるのであり，厳密に考えれば何も言うなというに等しい。逆に厳密に考えないのであれば，自由に何で

も発信してよいのか，ということになる。

　他にも，情報漏えい防止のためのルールとして，「指示されたソフトウェア以外はインストールしないこと」と定めたところで，ダウンロードしたファイル（ソフトウェア）をダブルクリックして実行してしまう人にはあまり意味がない。その他，「業務用データを外部に持ち出さないように」と定めたところで，USB メモリに入れて持ち出しはしなくても，個人用の電子メールアドレスに業務データを送信して，それで持ち帰り仕事をするのは持ち出しではない，と勘違いされることはあり得る。ルールのニュアンスについて，知っている人，詳しい人からすれば，「おいおい，そんなことはないだろう（笑）」と思われるかもしれないが，実際にはよくある話である。

　では，具体的に，「わかりやすい」とはどのようなルールをいうのだろうか。具体例については，本章3節以降のそれぞれのトピック（注意点）において説明するが，「誰が読んでも同じ意味にとれる」「解釈の幅がない，あっても少ない」ということがポイントである。もっとも，法律がそうであるように，あるルールを，誰が見ても同じ意味に理解できる文面にすることは不可能である。ただ，それに近づけることはできるので，できる限り工夫をしよう，ということである。

　次に②実行が簡単であること，実はこれが最も重要である。

　企業の信用にかかわる大事な情報の漏えい防止策なのに，実行が簡単でないと困る，つまりは面倒なのはだめというのは何事か，と思われるかもしれない。しかし，これこそが最も重要である。面倒なルールは，特にそれが事故防止，安全にかかわるものであり，守らなくても普段は大丈夫（事故にまでつながらない）なのであれば，守られにくいものになってしまうからである。

　したがって，不適切な情報発信の防止のために，SNS の投稿1つひとつに，複数の担当者の決裁を必須にする，情報漏えいの防止のために，1ファイルごとに，個別に暗号化，使用のたびの復号化（暗号化した状態を元に戻すこと）を要求するなど，そのような多大な手間のかかるルールを定めるべきではない。

　誰でも，さほど手間をかけずに実行できるルールを設定することが有効である。これについても，具体例は，本章3節以降でそれぞれ解説する。

3　メールの安全な使い方

(1)　なぜ「メール」か

　情報漏えいの防止を考えた場合，まず注目するべきは電子メールである。

　現在，インターネットを利用した業務上の連絡ツールとしては，メールの他，Slack や Chatwork などのサービスを利用することが多い。これらのサービスは，あらかじめ誘ったメンバーとチャットやファイルの送受信をするサービスであり，部外者に誤送信をするということは少ない。社内やそれに準じる組織，あるいは継続的に取引がある相手方であれば，Slack などのツールで連絡を取り合うこともあり，そうすれば，基本的に情報漏えいの可能性はかなり下げることができる。しかし，1 〜 2 回しか取引をしない相手方，あるいは，BtoC 企業において個人の消費者に「これから○○○というアプリをインストールして，会員登録をしてください」というのは，なかなか難しい。

　したがって，外部への連絡，つまり誤送信をすると情報漏えいにつながりかねない連絡についてメールにより行う，ということが通常となる。

　メールであれば，今や誰でも持っており，相手が事業者であれば，各従業員に電子メールアドレスが割り振られているのが通常である。消費者であっても，同様に電子メールアドレスを持っている。Slack 等が普及した今日においては，電子メールはいささか時代遅れではあるが，誰でも持っている，使える連絡システムとして，企業が用いる連絡手段としてはまだまだ主流である。

　そのため，メールはまだまだ連絡に用いることが多い。一方で，情報漏えいのための特段の対策がなされていない（上記のサービスのように招待制であるなどの仕組みがない）ため，その観点からは，最も対策を重要視するべき分野である。

　筆者の経験上，弁護士業務においても，電子メールは活用されており，弁護

士と依頼者とのやりとりだけではなく，弁護士同士の情報交換にも活用されている。その中で，定期的に，依頼者とのやりとりをメーリングリスト等に誤送信するという事故が起きている。それを見て，もし自分が同じ事故を起こしたらどうなるのかと，肝を冷やすことは多々ある。

(2)　アドレスはすべて登録する

　メールの安全な使い方の一丁目一番地は，送信先アドレスは全部登録しておく，ということである。もちろん，1回限りのやりとりについては，すべて登録するのはあまりに手間である。このことは，上記2(2)②の簡単に実行できるものであるべきというルール設定の原則にも反する。そこで，せめて継続的にやりとりする連絡先や重要な連絡先だけでも，アドレス帳に登録することを義務づけるべきである。

　ほとんどのメーラー（メール送受信や閲覧を行うソフトウェア）には，アドレス帳の機能がついている。そして，メールアドレスを入力するときには，アドレス帳に登録されているアドレスを照合して，候補として表示をしてくれる。これで，打ち間違いを防ぐことも可能である。たとえば，「yamada.taro@atlaw.jp」に対してメールを送信する場合，「yama」あたりまで入力した時点で，候補として表示され，それを選ぶことで，「yamada.taro@atlaw.jp」まで一気に入力できる，というような仕組みである。

　具体的なルールとしては，「継続的にやりとりをする相手の電子メールアドレスは，すべてアドレス帳に登録をしなければならない。『返信』ではなくて新規作成して電子メールを送信するときは，アドレス帳に登録されていない電子メールアドレスに送信をしてはいけない」という定めが考えられる。

　なお，「返信」については，本節(4)で詳しく解説する。

(3)　「手打ち」メールアドレスに秘密情報送信は厳禁

　名刺に記載されたメールアドレスや，申込用紙等に記載されているメールア

ドレスにメールを送信する場合，当然であるが，そのアドレスを入力して送信
をする，ということになる。

　このような場合，いきなりそのアドレスに秘密の情報を含む内容のメールを
送信してはならない。

　メールアドレスの打ち込みには，打ち間違いがつきものである。メールアド
レスに限らず，自分が書いた文書の誤字脱字は，自分自身で気づくことは難し
く，筆者も経験している。たとえば裁判所に提出する書面については，誤字脱
字を入念にチェックした上で共同している弁護士に見てもらっても「誤字が
あった」と言われることがしばしばある。書籍の執筆も同様で，校正段階で「誰
が書いたんだ？」と思いたくなるほど朱筆が入るのは日常茶飯事である。特に
メールアドレスは，同じアドレスを取得できない，同姓同名の衝突などの問題
から，記号や数字が入っていることが珍しくない。「I（アイ）」とか「1（イチ）」
や「l（エル）」を混同した経験のある方も少なくないだろう。

　したがって，登録していない，あるいは「返信」機能以外で，つまり電子メー
ルアドレスを手入力して送信する場合，絶対に秘密情報を送ってはいけない。
テスト送信を実施するべきである。特に，個人の顧客相手にその本人の秘密情
報を送信する場合には，事故が起こりやすい。たとえば，顧客が会社（組織）
であれば，その専用のドメインのメールアドレス（例に yamada.taro@chuokei
zai.co.jp）があることが多く，この場合，一部分を間違った場合は，そのよう
なメールアドレスは存在しない，ということでエラーメッセージが返信され，
情報漏えいにつながらないことが期待できる。

　一方で，個人の顧客の場合，自分でドメインを取得していない場合が多く，
Gmail や iCloud などのメールサービスのデフォルトのドメインを利用してい
るケースがほとんどである。このようなメールサービスでは，同じドメインを
無数のユーザーで使うため，ユーザー名（@の左側の部分）が重複することが
多い。そこで，数字などを加えることで，衝突を回避することがたびたびある。
たとえば，「yamada.taro」などは，先に登録されているので「yamada.taro12」
とか「yamada.taro1990」などである。顧客が会社（組織）の場合，「yamada.

taro」さんはいても「yamada.taro12」さんはいないので誤送信にならないが，個人の場合はそうではない。

　また，仮に似たアドレスが存在した場合，A社の山田太郎さんと間違えて山田二郎さんに届いても同じ会社なので問題になりづらいことが通常である。しかし，個人の場合は，同じドメインを無数の赤の他人が利用している。会社の場合は，「yamada.taro」さんも「yamana.taro」さんも同じ会社にいるのであまり大きな問題になりにくいが，個人の利用するメールサービスであると，この両者は全く赤の他人になるため，大事故につながり得る。

　したがって，上記の重複を避けるために入れた数字を1つ間違える，打ち飛ばしてしまうなどで，たちまち赤の他人に秘密情報の入ったメールが届くことにつながりかねない。メールアドレスの手入力は，特に個人の顧客に対してメールを送信するときは，かなり危険な行為なのである。

　そのため，手入力したアドレスは必ずテスト送信を経てから秘密情報の送信に使うべきである。なお，テスト送信の具体的な方法であるが，筆者は次のような方法を用いている。

　まず，相手先の名前を一部（法人名や名を除いた苗字）だけ入れて，テスト送信であるとの趣旨を記載してメール送信する。その後，返信メールが届いたら，その署名でフルネーム，法人名を確認するという方法をとっている。なお，個人の場合，最近はLINEなどのメッセージアプリの普及で，メールを送信する習慣がない，署名を作成しない，ということもある。さほど多くはないが，署名がなかった場合は，改めてフルネームを尋ねるということになる。

　具体的なルールとしては，「手入力したメールアドレスについては，必ず，テスト送信をしてからメールを送信しなければいけない。テスト送信においては，相手先の苗字のみを入れて送信し，それへの返信でフルネームを確認する方法による」という定めが考えられる。

コラム5
もうやめよう PPAP

　PPAPという言葉をご存じだろうか。あの有名な流行語のほうではない，セキュリティ用語である。実は筆者も最近知った言葉であるが，知らなくても，経験したことはいくらでもあると思う。

　これは，一般財団法人日本情報経済社会推進協会の大泰司章氏が提唱した言葉である。

　その意味は，

P：パスワード付きのZIPファイルを送りします。
P：パスワードを送ります。
A：暗号化
P：プロトコル

の略である。

　なお，プロトコル（protocol）とは，本来は外交儀礼という意味であるが，コンピュータの世界では，通信のやりとりにおいて用いられる方式，作法をいう。

　読者も一度は経験したことがあると思うが，最初にパスワード付のZIPファイルの送信を受け，その後に，そのパスワードを別メールでもらう，というものである。情報漏えいの防止のための方策であるとのことであるが，そもそも，同じメールアドレスから同じメールアドレスに送信されるメールにパスワードが記載されているのである。誤送信であれば，同じところに誤送信を2回繰り返すだけであり，ほとんど意味がない。もっとも，ZIPファイルそのものはパスワードを付けて暗号化されている。したがって，このZIPファイルが何らかの原因で漏えいした場合，パスワードがないと閲覧ができないのだから，そのような意味（ZIPファイルだけ漏えいした場合）では，情報漏えい対策について，一定の効果はあるかもしれない。ただ結局，これは，「大事なものだから金庫に入れて送ります。鍵については，別便で同じ住所に送ります」というものに近い。送り先

が間違っていた場合，その間違った送り先に鍵も届くので，意味がない。

　また，暗号化ZIPファイルは，ウイルス対策ソフトが読み取ることができないので，ウイルスチェックをすり抜けてしまう，という問題もある。

　なにより，受信者にとっては手間である。セキュリティ対策に手間がかかるのはやむを得ないことであるが，上記のとおり，あまり意味がないことに手間をかけるのはもったいない。仮に，PPAPをセキュリティ対策として有効なものとするのであれば，別ルート，FAX，手紙，電話，SMSでパスワードを送るなどの工夫が必要であろう。それこそかなりの手間になる。

　また，PPAPでは，非常に短いパスワードを設定されることもしばしばある。そして，暗号化ZIPファイルについては，パスワードを解読するソフトウェアが配布されている。暗号化ZIPファイルに限らないが，パスワードの解読にあたっては，ブルートフォースという手法が用いられる。これは，総当たり攻撃という意味であり，「あらゆる文字列の組み合わせをパスワードに行き当たるまで入力する」という解読方法である。自転車などの鍵について，4桁の数字を組み合わせるものであれば，0000〜9999まで，当たるまで全部，回していく，ということのデジタル版である。PPAPの場合，長いパスワードを入れることの手間を避けるためか，通常，数字数桁や，数文字に設定されることが多い。そして，暗号化ZIPファイルは，上記のブルートフォースで解読を試みるソフトウェアが一般に配布されている。

　ブルートフォースで暗号を突破するのに要する時間は，パスワードの長さ，複雑さに比例する。PPAPで一般に用いられるような短いパスワードであれば，さほど時間をかけずに解読されてしまうことが想定される。したがって，本気で解読しようとされた場合，PPAPのZIPファイルは，ほとんど無力であるといえる。

　PPAPは効果がないだけでなく，手間もかかる。時間は有限であるから，その時間を他の業務か，あるいは情報漏えい対策の時間に充てたほうが合理的である。

⑷ とにかく「返信」

メールを送信するときは，とにかく「返信」機能を使うことが重要である。

メーラーには，メールを読む画面に「返信」というボタンを用意してあることが通常である。これは，メールを送ってきた人（返信先を別アドレスに指定するなどもあるので正確ではないが，概ねそうである）を宛先として，返事をするメールを作成する，という機能である。

また，メールは，宛先に，「To」といって，本来の宛先だけではなく，「CC」といって，同報する（同じ内容を同時に送る）機能もある。CCとは，カーボンコピーの略である。昔，タイプライターで書類を作っていた時代，紙と紙の間に炭素を塗ったカーボン紙というものを挟んで，同時に2通同じ書類を作るということがあった。それにちなんだものである。

さて，メールの送信者が，CCで他の人も指定している場合，そのメールについては，CCで指定された人にも知らせたい，ということである。この場合，通常は「返信」すると，送信者にしか返信されないので，CCの宛先も含めて返信をする場合用に，「全員に返信」という機能も用意されていることが通常である。

それでは，なぜ「（全員に）返信」機能を使うべきなのか，話を戻すと，事故防止にとても有効であるからである。

「返信」機能を利用した場合，原理的に，①そもそも受け取ったメールが誤送信であるか，②送信者がCC先を間違えているか，のどちらかでないと，誤送信は基本的に起き得ない。

①については，全然知らない，関係のないメールが届くということになるので，返信前に気がつく，というより返信しようがない（「間違っていますよ」と教える程度）ので，問題にならない。

問題は，②についてであるが，メールのやりとりの最初の段階で，軽くCC先に知らないメールアドレスが入っていないか，確認しておくことが望ましい。

ただし，CCは，先方がどの範囲で情報共有を希望するかといった，相手先の事情の問題なので，こちらで確認することは限度があるだろう。また，そもそも，CCの指定は，相手方の責任で行っているものでもある。

　いずれにせよ，責任問題でいえば，「返信」機能を使った場合，ミスが起きにくいというだけではなく，受信側に基本的に一切責任が生じない，というメリットもある。

　なお，ほとんどのメーラーには，相手方のメールの本文を全部引用して末尾に付ける，という機能がある。この機能を使用すると，メールのやりとりを何度も続けて長文になり，見づらい，コンピュータの動作が重くなる，ということもあるかもしれない。それを防ぐため，新しくメールを作成し直したくなる気持ちもわかるが，これも不適切である。なぜなら，新しくメールを作成すると，新たに「To」や「CC」を入力することになる。そうすると，その過程でまた打ち間違いが発生する可能性があるからである。もし，メール文が長くなりすぎて，これを短く（削除）したいのであれば，「返信」機能を使って，返信メールの作成画面に遷移したら，末尾の引用部分を手動で削除するべきである。

　また，相手のメールに返信するのではなく，過去にメールのやりとりをしていた人に対して，別件（新件）でメールを送信したい，というケースでも，返信機能を使うべきである。具体的には，メーラーには，過去に送受信したメールの検索機能があるので，これを利用する。送りたい人の名前等で検索して，過去のメールのやりとりを見つけ出し，そのメールへの「返信」機能でメールを作成する。そのときにメールのタイトルと本文は削除して作り直す，という手順である。

　「返信」は，原理的にメールアドレスを打ち間違えるリスクがない。また，その返信元のメールを見ることで，返信先として間違いがないかを確認することができる。たとえば，同姓同名の山田太郎さんが2人いたとしても，鋼材の発注先の会社の山田さんと，銀行の山田さんとでは，メールの内容が全く異なるので，混同して誤送信することもない。

　すでに励行されている方からすれば，「何を当たり前のことを語っているの

か？」と思われるかもしれない。しかし，実際に情報漏えい事件の相談等を受けている立場からすると，事件は，このような基本すらできていない，怠っている場合に発生するものである。通常，情報漏えいをはじめとするネットトラブルを防止すべき立場にいる人（つまり，本書を今，手に取っている方々）は，ネットに関するリテラシーが平均よりはるかに高い。しかし，職場の他の人は必ずしもそうではない。自分を基準にして「これくらいは言わなくても……」は禁物である。2(2)で述べたように，誰でもわかる，使える，実践できるルールが重要である。

　さて，本件について，具体的なルールとしては，次のようなものが考えられる。すなわち，

> 「電子メールの送信においては，可能な限り『返信』もしくは『全員に返信』機能を使って送信をしなければならない。過去にやりとりをした相手先への送信についても，可能な限り検索機能を使って過去の電子メールへの『返信』を行う形式で行わなければならない。」

という内容が考えられる。

　なお，「可能な限り」という表現は不明瞭なように思える。もっとも，過去にやりとりをしてもそのメールを検索で見つけられないことはあるし，あまり難しいことを強いるべきではない。もとより，「返信」機能を使いメールを作成して送信することは，アドレス帳から選ぶ，メールアドレスを手入力するよりはるかに簡単なので，従業員も励行しやすいはずである。

(5)　タイトルにも一工夫を

　いくらメールの送信において「返信」機能の利用を励行していたとしても，そもそも，返信先を間違えてしまえば，元も子もない。

　また，似たような複数の案件（取引）を並行して取り扱うことはしばしばあり，たとえば，A社との取引，B社との取引がそれぞれ並行して似ている場合，Aからのメールについて，Bからのメールと勘違いして，B向けの見積りを送ってしまう，ということは十分にあり得ることである（筆者も，そのような情報漏えいの相談を受けたことがあるが，メールを見比べると，これは混同しても仕方がないな，と思うほど似たような内容であった）。

　筆者の弁護士としての経験でもあるが，メール（フォーム）で問い合わせを受けた場合，「お問い合わせの件について」「お見積りの件について」というようなメールタイトルにすると，延々と同じタイトルのメールがメーラーに並ぶことになる。たとえば，筆者の場合，取扱案件の相当部分がネットトラブルであるので，それこそ，似たような問い合わせがひたすら並ぶことになる。それぞれの違いは，当事者と投稿先と投稿内容程度，ということになる。気をつけないと，非常にセンシティブな情報を第三者に伝えてしまう事故が起こりかねない。

　なお，もちろん，メールの一覧には，差出人名の表示がある。そのため，まさか間違わないだろうとも思える。しかし，意外と氏名，名称の違いというのには気がつかないことが多い。そして，業務上利用しているメールであれば，差出人の氏名が設定されていることがあるが，個人で使っているメールアドレスには，その設定がないことがある。そうなると，ニックネームであったり，特に意味のない英数字の羅列が表示されたりして，区別が難しいことも多い。

　したがって，可能な限り，タイトルに当事者名を入れるとよい。また，タイトルが長くなってしまうという問題もあるが，こちらの名前も入れると親切である。たとえば，「【山田太郎 様】ご依頼の件について（弁護士深澤）」というようなタイトルである。これであれば，別の依頼者宛のメール，資料を間違って送ってしまうリスクは低くなる。また，似たようなタイトル，似たような名前，アドレスについて，誤送信防止のために，何度も確認する手間を節約することもできる。

　繰り返しになるが，面倒ではない，わかりやすいルールを作ることが何より

も大事である。簡単にできて，わかりやすくないと，遵守しにくくなり，それがルール無視，そしてそこからの事故につながるからである。

　メールタイトルに関して具体的なルールとしては，次のような定めが考えられる。

> 「電子メールの表題の作成にあたっては送信先の氏名又は名称を含めなければならない。」

(6)　メールは保存しておこう

　情報漏えい防止というよりも，社内の情報共有，不祥事や顧客からのクレーム対策が主目的であるが，メールの保存は励行するべきである。もちろん，すべてのメールを保存するのは手間であるので，ある程度大事なメールに限って，ということになる。

　なお，メールの受信には，POP3（Post Office Protocol 3）と，IMAP4（Internet Message Access Protocol 4）という2つのプロトコル（通信方式の規格）がある。前者は，古くから使われているものであり，メールサーバ（メールサービスを提供しているコンピュータ）から，受信したメールをダウンロードし，ユーザーの端末に保存すると，そのメールは削除（一定期間をおく場合もある）する，というものである。後者は，メールサーバと利用者の端末の状況を同期させる，メールをダウンロードするが，削除については明示的に操作しないと行われない，というものである。ウェブ上で提供されるメールサービスのように，いつでもどこでも，同じサービス提供元のメールボックスを閲覧・操作するものである。

　前者については端末にダウンロードされれば，いつかはメールは削除される運命であるし，端末から削除してしまえば，そのメールは完全に削除された，ということになる。また，後者については，そのようなことはないが，メールボックスの容量は有限であるので，いつかは削除されることも想定しないといけない。

　加えて，いずれにせよ，退社などでメールアカウントが廃止された場合，そのメールは削除される，ということになる。

　したがって，重要なメールについては保存しておく必要がある。

　また，メールの保存は記録のためだけではなく，取引（案件）の処理状況を明らかにして，情報共有をし，取引先・消費者との円満な関係を築くためにも重要である。たとえば，クラウドで案件（顧客）ごとにフォルダを分けている場合，そのフォルダに日付を記載したファイル名でメールを保存しておけば，進捗を容易に把握することができる。以下のような形式で保存しておけば，第三者が見ても進捗を容易に把握することができるので便利である。

20230319 問い合わせ .pdf
20230320 返事 .pdf
20230322 要件の聞き取り .pdf
20230323 見積りの提案 .pdf
20230324 質問への対応 .pdf
20230326 受注 .pdf

　なお，筆者も，弁護士業務において励行していることであるが，事件の進捗があると，細かいことでも，なるべくメールで依頼者に報告をし，かつ，その報告メールをファイルで保存しておくことにしている。こうすると，進捗状況に関するメモと依頼者への報告を兼用することができて合理的である。また，何より，上記のように進捗状況を一見して把握することができる。

　また，記録を残しておくことで，顧客とのトラブルを防止することもでき，不祥事防止，あるいは，不祥事が起きた場合の広報も合理的に行うことができる。顧客とのやりとりだけではなく，社内のやりとりについても，重要なものを保存しておけば，インターネット上においてデマによる中傷被害を受けた場合に発信者情報開示請求が認められやすくなる（前著『インターネット・SNS

トラブルの法務対応』で触れたが，社内資料でも業務の過程で作成したものは，裁判上，有力な証拠になる）。

　さて，具体的な保存方法であるが，ほとんどのメーラーには，メールの「印刷」機能が備わっている。さらに，印刷といっても紙ではなく，印刷先について PDF 出力を選べば，物理的にプリントアウトするのではなく，PDF ファイルで保存することができる。このように保存したメールは，裁判でもたびたび証拠として提出されており，訴訟の帰趨を決めることもある。前述したように，ネットトラブルの裁判において，一定の情報共有，指導をしていた事実を証明することができれば，それは非常に有利な要素になるので，業務の円滑化，苦情防止の観点だけではなく，法的紛争対応の立場からも，励行するべきである。

(7)　安全な通信方法

　電子メールは，インターネットでも初期に考案されたシステムである。たとえば，前述の POP3 の最初のバージョンである POP が策定されたのは，1984（昭和59）年のことである。当時は，今ほどセキュリティや通信傍受について配慮されておらず，通信は，平文（暗号化されていないデータのことをいう）で行うことが通例であった。

　通常，インターネットの通信は有線であれば傍受のリスクは少ない。また，無線 LAN であっても，ほとんど暗号化されており，暗号化されていない無線 LAN は珍しい。もっとも，最近はテレワークが普及し，かつ，家庭の無線 LAN の中には，暗号化していなかったり，あるいは，暗号化してあっても古い規格で容易に解読されてしまったりすることもある。

　無線 LAN の暗号化には，かつて，WEP（Wired Equivalent Privacy）という方式が用いられていた。これについては，脆弱性が発見され，簡単に解読されてしまうことが知られている。現在は，WPA（Wi-Fi Protected Access）ないし後継の WPA2 が主流である。WEP は，不正アクセスの被害が相次いでいるので，仮にまだ使用しているのであれば，ただちにルーターの設定を変更

するべきである。また，昨今は，無料の無線LANサービスが普及していると
ころ，こうしたサービスは暗号化されていない場合もある。接続している無線
LANについて，暗号化されていない場合や解読された場合は，傍受されるリ
スクが生じる。最近は，メールの送受信については，暗号化されたプロトコル
が標準で，ウェブサイトについても同様ではあるが，用心に越したことはない。

　特に，筆者の経験上，WEPの解読の問題は深刻である。解読されると，傍
受して情報漏えいのリスクが生じるだけではなく，接続されて無断で自己の契
約しているインターネット回線が利用されてしまうという問題が生じる。そし
て，誹謗中傷や脅迫などの投稿に利用された場合，投稿者として責任を追及さ
れて紛争に巻き込まれることもある。極端なことを言えば，自分の回線を無断
で犯行予告などに使われて，誤認逮捕されてしまうリスクもないではない。不
正アクセスの被害に遭うというのは，全く別の世界の話だと思われているかも
しれない。ただ，このWEPの問題はかなり深刻で，まだまだ現役で利用され
ているケースも多い。

　筆者の経験上も，身に覚えのない投稿について責任追及されているという相
談の中で，このWEPの問題が相当割合を占める。そして，暗号が解読された
せいであり，責任はない，ということが認められた例もあるが，基本的に裁判
所にそのように認めてもらうのは相当に難しい。

　したがって，パソコンなどのデバイスを自宅に持ち帰り，仕事を許可してい
る場合には，以下のようなルールを設定するべきである。

> 「暗号化（ただし，WEP形式を除く）されたWi-Fiでなければ，業務用の端末や，
> 業務用のデータを格納する端末を接続してはならない。」

(8)　標的型攻撃メールに注意

　コンピュータウイルスとは，悪意をもって作成されたソフトウェアの一種で，

利用者の想定しない有害な，たとえばデータの削除や，漏えい等の動作をさせるものをいう。自身の所有するデータのコピーが添付されたメールを勝手に送る，接続されているストレージに自身の所有するデータをコピーして格納するなど，自然界のウイルスのように感染してそれを広げる振る舞いをするので，「ウイルス」という名前が付けられている。

　ひと昔前は，様々なものが流行していたが，最近は全くなくなったということではなく，相当に減少したとはいえる。これは，ワクチンソフト（コンピュータウイルスを検出，除去するソフトウェア）の普及もあるが，OS そのものにワクチンソフトの機能が備え付けられたことなどが要因と思われる。しかしながら，それでも検出が困難で，被害が大きくなりがちなのが，「標的型攻撃メール」である。これは，特定の組織を標的として，コンピュータウイルスを添付したメールを送信し，それを開封，実行させることで，デバイスに感染させ，主にデータを盗み取るために使われる。

　コンピュータウイルス付のメールというのは古くからあるもので，読者も受け取ったことがあるだろう。ところが，英文だったり，やけに怪しい内容だったり，「見てください！」だけの一言だったりで，あからさまに怪しいものがほとんどである。そうなると，添付ファイルを開くことは想定しがたい。しかしながら，標的型攻撃メールは，特定の組織を標的にしているので，その組織に「合った」メールを送信してくる。「見てください！」だったら無視することもできるが，たとえば，「御社製品○○について」などというタイトルで，欠陥情報の話のような内容で，添付ファイルが「詳細報告」であったら，思わず開いて見てしまうこともあろう。自社製品のトラブルであったり，あるいは自分の人事評価であったり，とにかく見ずにはいられないようなタイトル，文面にすることが通常である。また，その標的に合わせたオリジナルのコンピュータウイルスを作成することが通常であるので，ウイルス対策ソフトが検出できないこともある点も，厄介である。

　基本的に，メールを開いただけでは，コンピュータウイルスに感染させられているかを知ることは難しい。ただ，添付ファイルを開いた場合，それが悪意

のあるソフトウェアであると，ウイルスに感染し，データ破壊や漏えいにつながることになる。もっとも，標的型攻撃メールが特定組織を狙ったものであるといっても，自身のメールのやりとりをのぞき見て送っているわけではない。あくまでも，業種等から興味を引きそうなメール文面を作成して送っているだけである。したがって，よく知らない送信者であったり，あるいは，送信者の所属組織は知っていても，知らない名前の人であったり，前後の脈絡がつながらなかったりなど，そのような不審点には気がつくことができる。

　標的型攻撃メールについて何かルールを定めることは難しいが，留意点として，次のようなものが挙げられる。

---

①　突如として大事な話題に関するメールが送られてきている。
②　見知らぬ組織，あるいは，所属先は知っていても，その個人名は知らない人である。
③　メールの署名欄（メール末尾に記載する所属と氏名を記載した部分）がない，あるいは，普段，その組織・人が使っているものと違うものである。
④　添付ファイルがあるが，メール本文に詳しい説明がない。
⑤　誤送信メールである（間違って秘密情報を送ったように見せかけて，興味を引こうとする手口は多い）。

　法的な対策として，標的型攻撃メールを完全に防御することは難しい。したがって，これが原因で情報漏えいをした場合，法的な責任が認められる要件である故意（わざと）か，過失（落ち度）かを認定することは難しいという指摘もあるだろう。ただ，それでも標的型攻撃メールについては，総務省も注意喚起をしており，防ごうと思えば防げたわけであるため，結局は情報漏えい者の責任が認められる可能性が高いと思われる。

4　データの共有

(1)　社内共有と外部共有

　各自が業務でパソコンを利用して文書等のファイルを作成した場合，それを共有するのに，いちいちメールを利用する，あるいは，USBメモリでデータを渡すというのは，非効率極まりない。また，本章2でも述べたように，手間暇がかかるということは，それだけで情報漏えい等のリスクにもなりかねない。

　そこで，最近は社内ネットワークに大容量のストレージ（記録装置）を接続したり，あるいはクラウドストレージのサービスを利用したりすることがよく行われている。

　特に，上記のような手間や，それに伴う情報漏えいを防げるため，最近では，全社的にクラウドストレージのサービスを利用する例が増えている。どのクラウドストレージのサービスがよいのか，という議論は，本書の対象範囲を離れるが，ネットトラブルの防止，セキュリティの観点からは，次のような点を考慮することが適切である。

　すなわち，①使い方が簡単であること，②外部共有機能が充実していること，③②については，実際に試してみて，外部からどのように見られるかを把握し，必要に応じて指導すること，という各点に留意されたい。

　①については，これも本章2で述べたように，使い方が簡単でないと，みんなが使ってくれないということがあり得る。そして，いつの間にか，それを使わずに別の危険な方法，たとえば，前述したようなUSBメモリで手渡しするなどを始めて，そのUSBを紛失して情報漏えい事故を起こす，ということにもつながりかねない。もっとも，この点については，各サービスの競争が激しいので，特別に使いにくいものはないと思われる。

　②については，よく比較しておくべきである。意外とクラウドストレージのサービスを社外へのデータ共有に使うことは多い。普段はメールに添付してファイルで送っていても，サイズの関係などで送信できない場合は，クラウドストレージ経由で共有する必要が出てくる。筆者も，弁護士として提出する証拠書類，あるいは，相手方からの提出書類を共有することはよくあるが，分量が多くなると，メールによる送信がやはり難しい。特に，個人の依頼者の場合には，メールアドレスがフリーメールであったりするので，最大受信容量の制限が厳しく，大容量ファイルの共有に向かない。そのような場合に，クラウドストレージのサービスの共有機能を活用している。

　そして，意外と忘れがちなのが，③である。外部共有をする場合，その共有先は，通常は取引先であり，顧客である。そのため，共有がスムーズにいかないと，無駄な手間をとらせてしまうことになる。

　なお，データの共有ができているか否かの確認方法であるが，リンクを送って共有する場合，共有した側（社内）から，そのリンクにアクセスすると，共有ファイルを利用する外部の利用者としてではなく，社内の利用者としてアクセスしてしまう。そうすると，共有先の外部利用者とは別の画面が表示されることになり，適切に確認ができない。この場合，ほとんどのブラウザには「プライベート」「シークレット」といわれる閲覧モードがあるので，これを利用する。これらのモードは，サービスにログインしていない，まっさらな状態でのアクセスを提供するものである。たとえば，Google Chrome の場合は，Ctrl＋Shift＋N キーを押すと，この「シークレット」モードの画面が開かれる。この画面で，共有先に送信予定のリンクを開いて，それで共有先でどう見られるかを確認することができる。

　複数ファイルを共有する場合はどのような画面になっている，あるいは，ファイルをダウンロードするにはどのような操作が必要であるかなどは確認しておくべきである。なお，共有先への案内文は，テンプレートにしておけば便利である。

⑵　クラウドの活用方法と注意点

　クラウドの活用法は，いろいろと考えられる。まず，バックアップが基本的に不要になる。クラウドストレージのサービスが利用している設備は，間違いなく，利用者が自社で使っているものより安全性に優れている。グローバル企業が提供している場合がほとんどであり，天災に備えて世界各地にバックアップを用意していることさえある（とはいえ，万が一のことがあるので，自社でも定期的なバックアップが望ましい）。

　また，天災のみならず，人災つまり過誤で重要なデータを削除した場合にも履歴が残るので，誰が何を削除したのかを把握することができる。その場合，履歴から操作して簡単に削除したファイルを復活できるようになっていることが多い。筆者の経験上も，共同で事件を受けている弁護士が，事件フォルダから，ある珍しいソフトウェアで作成した文書ファイルを「ソフトウェアが自動作成したバックアップファイル（事後は不要である）」と勘違いして，削除してしまった，ということがあった。筆者としては，珍しいソフトウェアだったので，クラウドのソフトウェアとの相性で，同期が失敗して削除されたのかと勘違いしていたが，その後，履歴を確認したところ，削除操作がされていたことに気がつき，無事にファイルも復元できて事なきを得た，ということがあった。USBメモリや，ネットワークにつながったストレージでは，このようなことは通常できないので，これもクラウドストレージのサービスを利用する大きなメリットである。

　なお，**第3章1**で詳しく触れるが，情報漏えいもデータの喪失も，一番の原因は人間である。したがって，人間のミスを発見する，回復する仕組みというのは，非常に便利である。

　クラウドストレージのサービスはこのように便利であるが，一方で，リスクもあるので留意されたい。

　一番重大なリスクは，不正アクセスの問題である。ログインできた場合，

USB メモリの紛失などと異なり，それこそ，ほとんど全社のデータが見られてしまう。金庫をまるごと紛失したようなことになってしまう。したがって，このアカウントとパスワードはしっかりと管理しないといけない。ほとんどすべてのクラウドストレージのサービスでは，二段階認証といって，パスワードの他に，携帯電話の電話番号への SMS や，メールを組み合わせた認証を用意している。この仕組みは，正しいパスワードを入力してもただちにログインできず，SMS やメールで別に連絡が来て，正しいログインかを確認（記載された別の暗証番号も加えて入力する等）されるという仕組みである。パスワードの流出とこれらの二番目の手段とが同時に流出しない限りは不正アクセスの被害に遭わないので，非常にセキュリティが強固になる。したがって，これは，絶対に利用するべきである。

　他に，外部共有の際に注意するべきは，(1)で指摘したように，共有先にどう見えるか，という点である。共有先を確認して，本来，1ファイルだけ共有すべきだったところを，共有するべきではない複数ファイルをまとめて共有していないか，先方にリンクを送信する前に確認するべきである。また，フォルダ名も表示されることが多いので，たとえば，取引先 A との関係で取引先 B と連絡をする必要があり，かつ，取引先 A については，取引先 B に知らせていない（知らせることができない）場合，次のような問題が生じ得る。すなわち，「株式会社 A」フォルダの中に「株式会社 B」フォルダが入っていた場合，フォルダ名として「株式会社 A＞株式会社 B」と表示されてしまう。そうすると，株式会社 B にクラウドストレージのサービス経由でファイルを共有した場合，上記の表示から，株式会社 A の関与が知られてしまう，ということである。そのため，共有にあたっては，できる限り，別の（上位の）フォルダを作成して用意しておくことが望ましい。

　このように，クラウドストレージのサービスのリスクについていろいろと触れてきたが，それでも，USB メモリなどに比べれば情報が流出しやすいわけではない。筆者の経験上も，クラウドストレージのサービス経由で情報が流出したという案件は，ほとんど聞いたことがない。もちろん，上記のフォルダ名

の関係のような小さな事故はたくさんあるかもしれないが，大規模な流出はほとんど聞いたことがないということである。むしろ，書類が風に吹かれた，USBメモリを紛失した，メーリングリストの設定ミスをした，メールを誤送信したなどのほうが，はるかに多い。したがって，上記の各点に留意すれば，基本的にクラウドストレージのサービスは情報漏えいに強い仕組みであるといえる。

　さて，クラウドのストレージサービスの利用に関する具体的なルールとは，次のとおりのものが考えられる。

> 「クラウドストレージのサービスの利用にあたっては，必ず，二段階認証を利用しなければならない。」
> 「クラウドストレージのサービスを利用して社外にデータを共有する場合は，必ず，データ共有先がそのデータへのリンクを開いた際の画面表示を確認しなければならない。この場合において，特にフォルダ名の表示には留意しなければならない。なお，共有用のフォルダをより上位の位置に別途作成して利用することを推奨する。」

5 特に機密性の高い場合の対策

(1) 特に機密性が高いものに限る理由

　本章3・4で，主にメールとクラウドストレージのサービスについて情報漏えい対策を述べてきた。しかし，特に機密性の高い情報については，念のため，さらに対策を講じることが望ましい。

　(2)でいろいろな手法に触れるが，基本的には，特別な対策を講じるのは「特に機密性が高い情報」に限るべきである。

　情報漏えいをさらに強固に防止できる，守ることができるのであれば，特に機密性が高い一部の情報に限らず，すべての情報について行うべきではないか，と思われるかもしれない。しかし，本章2(2)で指摘したように，ルールは守りやすいこと，つまりはなるべく手間暇がかからないようにすることが重要である。有効であるからといって，難しい・手間のかかる対策をすべてのケースにおいて講じようとすると，膨大な手間暇がかかり，非効率である。そして，非効率であるだけならいいが，面倒な人は次第に対策を実行しなくなる。さらに，実行しなくなるだけであればいいが，やり方がずさんになり，ミスを呼んで，かえって情報漏えいの原因になりかねない。メールやクラウドストレージのサービスでの共有方法があまりにも面倒であるから，USB メモリで渡そうとして紛失してしまうなどはあり得る典型例である。

　したがって，会社ごとの事情はあると思うが，特に機密性が高いものについては，(2)で述べるような対策をいくつか講じるべきである。

　機密性の程度の判断については，それぞれ事情があるだろうし，ここですべてを網羅することは難しい。基本的には漏えいした場合の被害の大きさや，自社だけではなくて顧客や取引先の特に重要な秘密でもあるなど，そのような観

点で判断することになる。

　ただ，意外と見落としがちなのは，「共有先による漏えいリスク」という観点である。つまり，自社にとっても，共有先にとっても重要な情報について，自社では適正に管理していたが，共有先が管理を誤って流出させてしまうというケースも想定する必要がある。もちろん，自社としては適正に管理していたのであり，漏えいの責任は，共有先にある。しかし，責任の所在は別として，情報漏えいが現実に起きれば，自社にも損害が生じることになる。その場合の被害回復はほぼ絶望的であるということについては，**第1章**で説明したとおりである。

　さらにいえば，共有先が情報漏えいをしたからといって，そのことがすぐに明らかになるとも限らない。いつの間にか漏えいしていたということで，誰の責任かわからない，自社の責任であると疑われる，誤解されるリスクは十分にある。加えて，漏えいした情報の中に，自社と共有先のみならず，第三者の秘密が含まれていた場合には，さらに問題が大きくなる。第三者との関係においては，適切に共有先を指導していたのかを問われることになる。

　情報漏えいというのは，被害回復が困難なだけではなく，ネット上ではやり玉に挙げられやすい，炎上しやすいのであり，この場合，法的に自社に責任がないという事実は，あまり大きな意味をなさないことも多い。情報漏えいがあったという事実，その一方当事者というだけで，ネット上の，そして社会の非難を浴びるには，十分すぎる理由となってしまうのである。

　したがって，共有先の漏えいリスクも考慮する必要がある。具体的には，共有先が個人であり，特に消費者である場合は，情報漏えい対策をしていない場合が通常であろうから，留意が必要である。この場合，特に機密性が高い情報を共有する場合は，(2)で述べるような対策をとることが必要になる。

(2)　具体的な対策

　ここでは，やや技術的な話になるが，情報漏えい対策として考えられるいく

つかの対策を，その長所短所や注意点も含めて解説する。

①　パスワード付（暗号化）ZIP ファイルを用いる方法

　まず，標準的な対策としては，パスワード付（暗号化）ZIP ファイルを用いる方法である。パスワードをかけた ZIP ファイルは，圧縮されるだけではなく中身も暗号化される。したがって，正しいパスワードを知らないと展開（復元）できないので，仮にファイルが漏えいしても，流出先には内容が伝わらない。もっとも，**コラム5**で述べたように，普通にメールを用いて後で別便メールでパスワードを伝えるなどでは，ほとんど意味がない。手間が増えるだけである。パスワードについては，その ZIP ファイルを送った方法とはまた別の方法で送信する必要がある。

　便利なのは，携帯電話の SMS を利用する方法である。携帯電話番号に送信するメールの一種であるが，メールと異なるので，別の方法でパスワードを提供することができる。多くの二段階認証でも，SMS を利用しているのは，有効適切な手段であるからといえる。ただし，（通常は）SMS から ZIP ファイルを展開するパソコン等に，パスワード文字列をコピーアンドペーストすることはできない。したがって，あまりにパスワードが長いと共有先にとって手間だし，短いと解読されてしまうリスクがある。コツは，アルファベットの他に数字を混ぜる，「O（オー）」や「0（ゼロ）」「l（エル）」や「1（イチ）」など，読み間違えそうなものは使わないことである。

　さらに，ZIP ファイル暗号化には，いくつか注意点がある。ZIP ファイルは，仮にパスワードをかけて暗号化しても，原則としてファイル名は暗号化されず，それを閲覧することができる。したがって，せっかくパスワードをかけてあっても，ファイル名が「A 社との取引の件」とか「新製品 B について」などと記載してあったら台無しである。したがって，ファイル名は秘密が察知されないようにするなどの工夫が必要である。なお，ZIP ファイルの暗号化には，ファイル名も含める高度な暗号化の規格もある。しかしながら，この場合，OS の標準機能で展開できない場合も多く，やはり問題の解決にはならない。

　パスワード付（暗号化）ZIP ファイルを用いる方法のメリットは，非常に簡単であるということ，OS の標準機能で可能であるということ，それでいて，十分な長さのパスワードを解読することは容易ではないので，十分に有効であるということが挙げられる。デメリットとしては，ファイル名までは暗号化できないということ，また，共有先からさらに情報漏えいする可能性は否定できない，ということである。なぜなら，暗号化 ZIP ファイルは，そのままでは利用できない。OS の機能で，展開せずにそのまま開いて内部を閲覧し，ファイルを開くこともできるが，基本的にはパスワードを入れて，元のファイルに復元して利用することになる。そして，ZIP ファイルから展開された場合，そのファイルは全く保護されていない。したがって，共有先がそのファイルを流出させた場合，情報漏えいは防げない，ということである。もちろん，これは共有先の責任であって，自社側の責任ではない。しかし，情報漏えいにおいては，責任の所在とは全く別に，当事者というだけで大きな損害を受けて被害回復できないこと，非難を浴びることについては，(1)で触れたとおりである。これは，暗号化 ZIP ファイルによる共有方法の限界である。

②　パスワード付（暗号化）PDF を用いる方法

　次に代替手段として，ソフトウェアの用意があればおすすめしたいのが，パスワード付（暗号化）PDF（Portable Document Format）を利用する方法である。

　PDF とは，ご存じの方も多いだろうが，文書ファイル形式のデファクトスタンダードで，紙の書類をファイルにしたような形式である。どの環境でも開くことができるほか，環境によって表示イメージが崩れることもない，印刷などもやりやすいということで広く利用されている。特に，取引先等と文書をやりとりする場合，PDF であれば，開けない，開いても表示される内容が異なるなどはまず起こらないので，重宝する手段である。

　筆者も依頼者に交渉に使う書面や，裁判所に提出する書面の確認を求めるとき，PDF を利用することにしている。PDF で提示すれば，パソコンを持って

いない依頼者でも，スマートフォンで正確な内容を確認でき，コンビニエンスストアなどで印刷することも容易だからである。なお，委任状が必要なケースで急ぐ場合は，PDF で委任状を渡して「自宅かコンビニで印刷して，署名押印して郵送してください」とお願いすることもある。

　このように，PDF は開けないことは稀だし，開けさえすれば，表示がうまくいかないということも稀であり，基本的に，送信先が同じものを見ることができているので，書類の共有には非常に適した形式であるといえる。

　ちなみに，PDF は Adobe 社が策定した規格であるが，ISO 規格（ISO32000-1）にもなっている。そのため，PDF を閲覧，編集するツールには，有料無料を問わず，非常に多数ある。

　PDF には，パスワード設定機能というものがあり，パスワードを設定すると，内部が暗号化され，そのパスワードを入力しないと文書が開けなくなる。暗号化 ZIP のように，1 回パスワードを入力すると，復号化されたファイルが展開されるのではなく，PDF ファイル自体は変更（暗号解除）されず，開くたびにパスワードを求められることになる。この仕組みは，共有先による情報漏えいを防ぐ方法として非常に有効である。暗号化 ZIP ファイルだと，これまで述べてきたとおり，一度パスワードを入れて復元すると，その後はセキュリティの観点からは，完全に無力である。しかし，パスワード付の PDF であれば，開くたびにパスワードが必要になるので，仮に開いた後に，そのファイルがどこかに流出しても，流出先では，開くことができないので漏えいしないということになる。

　欠点としては，パスワード付 PDF を作ることができるソフトを別に入手する必要があること（なお，開くだけなら，無料のものを含むほぼすべての PDF 閲覧ソフトで可能である），共有先としては，開くたびにパスワード入力が求められるという手間がかかる，という点がある。

　PDF ファイルは，目次を付けたり，文書以外のデータを添付したり，さらには電子署名もできたりするなど，デジタル時代の「紙」といっていいほど機能が充実している。セキュリティの観点以外からも，活用を検討されたい。

6　意外な漏えいルート

(1)　はじめに

　インターネットにおける情報漏えいというと，高度な技術を持った侵入者が，何らかの方法で社内のネットワーク，パソコンに侵入してデータを窃取する，ということが想像される。もっとも，そのようなケースもあり得る。本章3(7)で挙げたようにWEPの方式は暗号解読が容易であるので，それを利用して，誹謗中傷など違法な情報発信の「踏み台」として他人の回線を利用するケースは過去にあり，裁判になったこともある。たとえば，東京地判平成30年4月26日平成29年（ワ）1347号は，ネット上の誹謗中傷投稿について損害賠償請求が回線契約者に対してなされた事件である。この事件では，契約者が投稿を行っておらず，回線を不正利用されたと反論し，それが認められている。もっとも，回線の不正利用の反論は，認められることは基本的に難しい。同事件では，事件発生後，すぐに回線契約者が調査をする，端末を請求者（被害者）に委ねて調査させるなど，そういうことを重ねて，ようやく不正利用の可能性が認められた事案である。

　さて，上記のWEPの暗号の件を除けば，基本的に，高度な技術で暗号を解読する，システムの欠陥を突くなど，そのような方法で侵入され，データが漏えいするということは，ないとは言わないが珍しい。

　その代わりに多いのが，操作する人間側の過失で，データが漏えいしてしまうというケースである。重要書類を金庫に保存しておいたら，金庫をこじ開けて盗まれてしまう，それよりもむしろ，運んでいる途中に鞄ごとなくしてしまう，あるいは，風に吹かれて飛んでいってしまうなど，そのようなことのほうが多いことと同様である。

　このように，不注意で漏えいしてしまうのが，漏えい事件の大部分を占めている。そしてこれらは，「知っていれば」防げるケースがほとんどである。「え？こんな情報も含まれているの？」ということが，情報漏えいにつながっているのである。

(2)　ファイルプロパティ

　ここでいうプロパティとは，そのファイル（データ）の作成者等の情報をいう。プロパティに関して，過去に問題になったのが，写真ファイルの位置情報であることはよく知られている。

　現在，特別な目的や用途ではないかぎり，写真は，専用のカメラではなくスマートフォンで撮るのが大部分である。そして，ほとんどすべてのスマートフォンは，GPSを内蔵している。さらに，スマートフォンは写真の整理等に活用するために，写真を撮影すると，撮影場所の位置情報を写真ファイルの中に書き込んでいる。なお，この情報は，「ジオタグ」と呼ばれる。そのため，たとえば，自宅で写真を撮影し，それをSNSにアップロードしたところ，その写真自体に位置情報があり，自宅の場所が明らかになるなどのトラブルが相次いだことがあった。

　最近は，位置情報が記録されるというのは常識になり，かつ，スマートフォンのOSも設定で記録しないようにする，記録している場合には，画面上に表示して注意を促す，という仕様になっている。加えて，SNS等にアップロードする場合に位置情報を削除する機能も一般的となった。そのため，位置情報に関するトラブルは，相当に減っている。

　さて，写真に位置情報が記録されること，そのせいで，写真「だけ」を公開するつもりで，撮影場所まで公開してしまうことがあること，これは，ほとんどの読者もご存じのことだろう。しかし，似たような問題は写真だけではなく，文書ファイルにも存在する。そして，意外なほどこのことは知られていないか，意識されていない。

　たとえば，Word の場合，ファイル→プロパティから，その文書ファイルのプロパティを閲覧することができる。「概要」からはタイトルや作成者が，「統計情報」からは，編集時間などを参照することができる。匿名で活動している者が Word ファイルを公開して，そこから氏名がバレることはあるかもしれない。しかし，会社において仕事で使う場合は，タイトルや作成者が見られても問題ないのではないかと思われるかもしれない。しかし実は，問題になることがある。

　この作成者というのは，最初に作った者の名前が記録され，そのまま維持されることになっている。したがって，A が作成したファイルを「ひな型」として，それで B が個別案件ごとに修正して完成させた場合，その作成者は「A」のままであるということになる。この A が社内の人物であればいいが，社外の人物，取引先であったりすると，取引関係などの漏えいの原因になる。取引先からもらった文書が有用なので流用するなどといった場面で，このような問題が起きる。

　たとえば，「取引先から出てきた契約書をチェックしてほしい。相手には弁護士はついていないようだけれども」という依頼を筆者が受けたときのことである。その取引先から送信を受けた Word ファイルの提供を受けて確認したところ，果たして作成者にその分野では有名な法律事務所と弁護士の名前が入っていた。もちろん，相手に弁護士がついているかいないかで，大きく方針を変えるわけではない。しかし，できれば秘密にしておきたいというのであれば，このプロパティについては，十分な注意を払うべきケースであったといえよう。

　なお，このようなプロパティについては，削除する機能がそれぞれのソフトウェアに内蔵されているのが通常である。Word であれば，手動でプロパティの画面から削除することもできるし，ツール→文書の保護から「保存するときに個人情報をファイルから削除する」を選ぶことで，削除することもできる。

　同じような問題は，Word だけではなくて，PDF ファイルにもある。PDF は非常に多くの情報を含んでいることがあり，これについても，ソフトによっては一括して削除する機能を搭載しているものがある。

　要するに，「ファイルに記録されている情報は見える情報だけではない」ということである。この漏えいが，重大な問題になることはあまり多くはないと思われるが，特に，外部に公表するファイルについては，一度公開前に確認をしておくべきである。

(3)　PDF ファイルの墨塗

　本章 5 (2)でも触れたが，PDF は，どの環境でも表示でき，かつ，環境ごとに表示が異なるということもなく，印刷サービスとの相性もよいので，多用されている。特に，PDF は，編集は不可能ではないが（設定でそうすることもできる），基本的には開いただけでは編集画面に入らない，編集はできないという性質もある。ワープロソフトのように，開いたらすぐに編集を開始できる，というようにはなっていない。

　このような性質から，企業のプレスリリースなどをインターネット上で発表するときは，ほぼすべてのケースで PDF が用いられている。また，訴訟を扱う弁護士や，その関係者が，社会の耳目を集めた事件について，対外的に公表するために訴訟記録のコピーを公開する場合は，PDF を用いることが通常である。

　ただし，元の文書には自分や第三者のプライバシーに該当する情報が含まれていることがある。そのような場合は，紙の文書と同じく，PDF にマスキング（墨塗），つまり秘密の部分を黒い四角形で潰して見られなくするという加工が行われる。プレスリリースでは珍しいが，上記の弁護士による訴訟記録の公開の場合や，取引先や関係者に社内文書を出す場合に，支障のある部分をマスキングして出すということは想定される。

　ところが，実はこのマスキングを失敗して，情報漏えいを起こしてしまうというケースが頻繁にある。

　この失敗には 2 種類あり，1 つはマスキング漏れである。本来は，秘密にすべき部分について，そこに気がつかないでマスキングをせず，それで漏えいし

てしまうということである。これは誤字脱字のチェックと同じで，マスキングミスは，自分で自分のミスに気がつきにくい。したがって，マスキングをした人とは別の人がチェックする必要がある。特に重要であれば，3名以上でチェックすることが望ましいケースもあるだろう。

　マスキング漏れは紙ベースの場合でも発生するミスであるが，2つ目のミスは，PDF 特有のものである。そのミスとは，マスキングしたつもりが，されていない，というケースである。

　マスキングは，基本的に，秘密にしたい部分を墨塗，つまり黒く塗りつぶすことで行われる。そのやり方であるが，通常は，マスキング（墨塗）機能というものが PDF を編集するソフトに用意されている。それを利用してマスキングをすることになる。しかし同時に，PDF を扱うソフトには，注釈といって，本体のデータとは別に，書き加えをする機能も備わっていることが多い。何らかの指摘をするメモを貼り付ける，マーカーやアンダーラインを引くなどの機能である。この中には，図形を設置する機能もある。そこで，その機能を使って黒い四角形を作成し，それを秘密にしたい部分に設置してマスキングをしようとするケースがある。しかし，このやり方は明白に間違いである。この機能は，あくまで注釈をいれる機能で，元のデータには手を触れない（破壊しない）機能である。したがって，黒い四角を設置しても，その四角の「下」には，元のデータがそのまま存在しているのである。書類の上に黒い紙を置いただけというイメージに近い。そのままだとたしかに黒い紙の下の情報は読み取れないが，簡単に黒い紙をどかすことができ，下の情報は容易に読み取れてしまうということである。もちろん，このようなやり方であっても，印刷すれば黒く塗りつぶされるので，一度印刷した紙をスキャンして PDF にすれば，画質は低下し，ファイルサイズも大きくなることが多いものの，マスキングを実現することはできる。ただし迂遠なので，おすすめしない。

　さて，このようなマスキングミス，つまり，本来はマスキングのために用意されたわけではない機能を使ってマスキングしたつもりが実はできていない，こんなことが起きるのかというと，実際によくあるミスである。筆者も，こう

してマスキングミスが発生したという情報はたびたび耳にするし，実際に自分が目にしたこともある。第三者のミスにより，危うく自分の依頼者が被害に遭いかねない事態になり，驚いたこともある。

　なお，(2)で指摘したファイルプロパティの問題は，PDFについてもある。PDFは，作成したソフト，ハードウェアや作成者，タイトルなどをプロパティとして保持している。これらの情報の削除については，マスキング機能の一部として提供されているので，文書本体だけではなくプロパティにも留意されたい。

　PDFのマスキングに関する具体的なルールとしては，次のような定めが適切である。

「秘密保持等の理由でPDFファイルをマスキングする場合には，必ず，マスキングした者以外の者がその適否をチェックしなければならない。また，本体のみならずプロパティ情報にも留意しなければならない。」

コラム6

企業のプレスリリースの著者

　企業は，BtoC の事業者はもちろん，BtoB の事業者であっても，しばしば，社会に向けて何らかの発表（プレスリリース）を行う。

　こうした場合，消費者向けの新製品であればウェブページだけで掲載することもあるが，企業の組織に関するもの，資本関係，あるいは不祥事に関わるものについては，文書の形式で発表されることが通常である。インターネットに掲載する場合は，PDF 形式が採用されることが一般的であり，上場会社であれば，適時開示情報ということで PDF が出てくることは珍しいことではない。

　したがって，(2)(3)で述べたように，プロパティが問題になる。

　ネット上で情報交換をしている株式投資家の間では，こうした適時開示情報の PDF のプロパティを確認することは一般に行われている。そのため，有名事務所の弁護士が適時開示情報の作成者として記録されていると，それが話題にされることもしばしばある。もちろん，弁護士名が知られても，ほとんど不利益は考えにくい。ただ，PDF は紙の書類の代替手段として用いられている。紙であれば，あえて名前を書かない限り作者はわからない。紙に記載した以上の情報を知られたくない場合は，プロパティにも留意し，必要に応じて削除しておくべきであろう。プロパティの内容は広く知られるものである，ということは知っておくべきである。

⑷　ウェブページを資料にするときの注意

　昨今，インターネットで検索して詳細のわからない言葉はほとんどない。何かわからないことがあれば，それを検索窓に入力すれば，（正確性はともかく）ほとんど必ず答えが出てくる。

　すでに裁判においても証拠書類としてウェブページが出てくることが普通のこととなっている。ネット関係事件だけではなく，ネットが全くかかわらない事件でも，一般的な知見を証拠として出す場合，たとえば，被害額算定のために同種の品物の価格情報が掲載されたウェブページを証拠提出するということは通常行われている。裁判でなくても，取引先に資料としてウェブページを印刷したものを添付することは十分あり得ることである。

　ただし，これが情報漏えいの原因になることもあるので，注意が必要である。

　まず，資料の作成方法として，印刷（Ctrl＋P）ではなく，スクリーンショットを使う場合（**コラム7**で述べるとおり，URL が記録されないので，できればこれは避けるべきである）は，ブックマークや，他に開いているページなど，資料としたいもの以外の情報が写っていないことを確認するべきである。

　また，印刷する場合でも，注意が必要である。ニュースサイトなどは，登録しなくても閲覧できるが，登録していると追加サービスが得られるという仕組みを採用しているところがある。そのような場合において，ログインをしたままであると，「ログイン中：○○○○ 様」というように，自己のユーザー名が表示されてしまうことがある。もちろん，ユーザー名が知られたからといって，ただちに問題になることは少ないが，不正ログインに悪用されるリスクがあり得るので，やはり避けたほうが無難である。

　他にも，広告から過去にアクセスしたページがわかったり（広告の表示は，よりニーズに合致したものを表示するために，過去にアクセスしたページを参考にして選択されて表示される）することもある。

　これらの問題については，本章4⑴で触れた，ブラウザのプライベート・

シークレットモードを活用することで防ぐことができる。このモードであれば，どのサービスにもログインしていないし，基本的に過去のアクセスを参考にした広告が表示されることもない。

　外部に提供する可能性のある資料については，基本的に，ブラウザのプライベート・シークレットモードで表示して印刷することが望ましい。

コラム7
ウェブページの証拠化

　ウェブページを証拠書類として提出する場合について，注意点を述べた裁判例
がある。知財高判平成22年6月29日平成22年（行ケ）10082号は，「インターネッ
トのホームページを裁判の証拠として提出する場合には，欄外の URL がそのホー
ムページの特定事項として重要な記載であることは訴訟実務関係者にとって常識
的な事項である」と述べている。この事件では，問題の書類の欄外の URL に，
インターネット上のアドレスではなくて，C ドライブ内のファイルであると表示
されていた。そのことから当時のウェブページの内容とはいえないのではないか
ということで，信用性が否定されたものである。これについては，基本的に，ブ
ラウザ上で Ctrl＋P と押してプリントアウトすれば，URL が右下に印字される
ので特に注意をする必要はない。もし，その記載がないのであれば，印刷画面に
設定する項目があるのが通常なので，そこから設定すればよい。

　したがって，通常は，この問題に気を遣う必要はない。ただし，上記の事件で
は，原告は，一度ウェブページを保存してから印刷したと主張していたが，「不
自然」と裁判所には評価されている。この真偽はともかく，一度保存してから印
刷すると，保存先は自分のパソコンとなり，URL は，インターネット上のアド
レスではなく，パソコンのストレージ上の場所が表示されることになる。そうす
ると，果たしてそのウェブサイトに当該情報が掲載されていたのか，証明できな
いことになってしまう。そのため，この裁判例のとおり，必ず欄外にインターネッ
ト上の URL が表示されるよう，ウェブページを表示させたら，そのまま印刷す
るべきということになる。

　以上は，裁判証拠の議論であるが，自社内で使う資料であっても，上記のよう
な配慮は必要である。

　ウェブサイトは，更新されることも削除されることもある。そのような場合に
おいて，最新のものを確認する，原典を確認するためには，資料に URL が記載
されていることが重要である。

　また，社内資料であっても，紛争になれば，それが裁判資料として使えること
もあるので，この点からも，大事なことである。

⑸　ウェブサイトへのアクセスで知られること

　テレビ番組を見る，本を読む，看板を見る。これらの行為，すなわち情報を取得する行為は，基本的に第三者にその事実が知られないのが原則である。テレビ局は，誰が自分の番組を見たのか知ることはできないし，書籍の作者も同様である。筆者も，これをお読みになっている読者がどこのどなたであるか，それを知ることはできない。

　ところで，ウェブサイトについては，同じことはいえない。ウェブサイトは，ある程度，誰が閲覧したのかがわかる仕組みになっている。これは，ウェブサイトの閲覧と，テレビ放送の受信とが，仕組みにおいて根本的に異なっているためである。

　テレビ放送であれば，テレビ局が広く電波を発信して，それを各視聴者が受信して番組を閲覧するという仕組みになっている。一方的に発信した電波を受信しているだけであるので，発信元としては，発信した電波がどうなったか知る術はない。

　一方で，ウェブサイトの閲覧においては，事情は全く異なる。ウェブサイトを配信しているコンピュータ（サーバー）は，電波を発信しているものではない。ウェブサイトの閲覧の仕組みは，まず，閲覧しようとする者（クライアント）が，ウェブサイトを配信しているサーバーに対して，「このページを見せてください」とお願いをする通信をする，それを受けて，サーバーは，「こういうデータですよ」と，データを配信するという仕組みになっている。いわば，ファクシミリで「資料を送ってください」とお願いを送信して，それへの返信として，資料が送られていることに近い。

　したがって，ウェブサイトの管理人としては，「ページを見せてください」とお願いをした者がいることについて，情報を持っているということになる。もちろん，会社名や閲覧した者の氏名がただちにわかるということではない。わかるのは，IPアドレスというインターネット上の電話番号のようなものだ

けである。

　インターネットには，無数のコンピュータが接続している。それらを区別するため，IP アドレスという数字が各端末に割り振られている。これは，電話のネットワークにおいて電話番号で各端末を区別して接続するのと同様である。そして，上記のとおり，ウェブサイトを閲覧する際には，ウェブサイトを配信しているサーバーにそのページのデータがほしいと，お願いを送るわけであるから，そのときに，お願いを送った IP アドレスはどこか，記録が残るということである。FAX にたとえたが，資料を依頼したファクシミリの発信元番号が，依頼先に記録されるということと同じようなことである。

　さて，IP アドレスが知られても，ただちに氏名や会社名がわかるわけではない。これは，電話番号を知られても，ただちにその電話番号の持ち主の氏名が判明しないことと，同じである。

　IP アドレスの情報については，WHOIS というサービスが各所で提供されている。これは，IP アドレスの管理者情報を調べるというサービスで，たとえば，この回線はプロバイダの○○○社が提供しているなどの情報を得ることができる。あくまで，WHOIS でわかるのは回線の提供事業者の情報であることが原則である。したがって，発信者の氏名までたどり着くことはできない（氏名と IP アドレスの結びつきは，回線の提供事業者しか知らず，問い合わせてもそう簡単に教えてはもらえない）。

　ところが，会社の回線については事情が異なる。会社の回線は，特に大きな会社で昔から契約している回線にその傾向が多いが，上記 WHOIS において，回線提供事業者ではなく，利用している会社の名称が表示されることもある。そのため，IP アドレスから，その会社からのアクセスであると露見してしまう可能性がある。

　ウェブサイトの管理者は，通常，いちいちどこからのアクセスがあったかを細かく確認しているわけではない。ただ，中には，アクセス記録を定期的にチェックして，政府機関からのアクセスなどを見つけると，「うわー！　警察からアクセスがあった！」などと騒ぐ者もいる。

　会社であっても，著名企業の場合は，同じように注目を浴びる可能性がある。典型的なのが，脱法ドラッグの販売サイトなど，利用について社会的に強く非難を浴びるような業者のウェブサイトへのアクセスは，要注意である。テレビであれば，どんな番組を見ても，その情報を第三者が知ることは通常はない。しかし，ウェブサイトは，見るだけで IP アドレスの記録という「足跡」がついてしまう。頻繁にあることではないが，脱法ドラッグや不倫相手を探すサイトなどに大手企業の従業員が会社の回線からアクセスをして，それで誹謗中傷の被害に遭うというケースも過去にあった。自分が「見る」と，相手からも「見られる」というインターネット特有の事情には注意が必要である。

　なお，休憩時間の業務用インターネットの私用は，上記の他にも匿名掲示板の投稿について会社が責任追及に巻き込まれるなど，トラブルの温床となりやすい。また，最近は，パソコンを個人で持っておらず，スマートフォンが唯一のインターネットに接続できる端末であるという者も多い。こうした者にとっては，会社のパソコンが，「自分が使える唯一の大画面のインターネットに接続できる端末」であり，ついつい私用してしまう傾向がある。

　そこで，会社のパソコンやインターネット回線に関する具体的なルールとしては，次のような定めをすることが適切である。

「会社のパソコンならびにインターネット回線は，業務外の目的に利用してはならない。休憩時間においても，同様とする。」

7　SNS 利用のルール

(1)　プライベート利用のルール

　かつて，インターネットに投稿し，交流することは，一部の人の趣味であった。しかし，今では，老若男女問わず，広く SNS を利用してインターネット上で交流がなされている。

　会社の従業員，特に新入社員は，SNS を利用していない人のほうが割合的に少ないかもしれない。SNS では，よくも悪くも人々の本音があり，あるいは本音が投稿されていると信じられているので，その影響力は軽視できない。筆者の元にも，就職情報サイトに，パワハラがある，労働時間が長いと投稿されて，応募者が減った，内定辞退者が増えた，というような相談は多々ある。また，クリニックや飲食店にとっては，「口コミ」の影響は深刻であり，身に覚えのない中傷のせいで客が減った，というような話は枚挙に暇がない。

　このような影響力の大きさを踏まえて，最近は，企業も SNS を活用することが多い。より顧客に目にしてもらいやすく，また，顧客との交流を通じてブランドに親しみを持ってもらうなどの効果も期待できる。しかし，気をつけないと（気をつけていても）不用意な発言が原因で炎上を起こすこともある。

　また，ひと昔前まで，特別の事情がない限りは，実名で活動することは稀であった。しかし，昨今の SNS においては，実名で活動するケースも増えている。さらには，自分の所属・肩書きを記載することも多く，それが原因でトラブルになるケースも増えている。

　さて，企業自身が SNS を利用する場合の注意点は，(2)で触れることとし，ここでは，従業員が業務外で SNS を利用する場合における，企業に発生するネットトラブルのリスクと予防法について解説する。

　従業員がプライベートで，企業活動とは何ら関係がなく SNS で情報発信をすることで，その悪影響が企業に果たして及ぶのかという疑問もあろうかと思う。結論からいうと，そのようなケースは，いくらでもあり得るし，筆者もたびたび相談を受けている。

　ケースについては，以下のような分類が可能である。

---

①　所属（企業名）を明らかにせずに活動していたが，SNS 上の言動で企業に被害が生じる例
②　所属（企業名）を明らかにせずに活動していたが，意図せずにその所属が明らかになり，かつ，SNS 上の言動で企業に被害が生じる例
③　所属（企業名）を明らかにして活動していたところ，SNS 上の言動で企業に被害が生じる例

　まず，①のケースであるが，これはかなり例が少ない。具体的には，SNSで非常に過激な発言，脅迫や名誉毀損に該当するような発言をして，刑事事件となるようなケースである。要するに，事件を起こすと，マスメディアなどが取材をしてその者の所属を調べ，報道をする，というものである。特に社内で，「殺人予告はだめです」と，ルールを作るわけにもいかないが，②③に対応するルールを作れば，内包（このような投稿は，ルール以前の論外という趣旨である）される。

　次に，②であるが，これはよくある事例である。筆者も相談を受けることがたびたびある。特徴的なのは，本人は自らの所属は明らかにしていない，匿名であることも多い，しかし，炎上するような発言をして，さらに所属先が突き止められてしまう，というものである。そして実は，③のケースより深刻なケースが多い。というのも，所属を明らかにせず，匿名なので，まさか自分の個人情報や勤務先がバレることはないだろう，だから，これくらい過激なことを言っても大丈夫だろうと，反感を買うような発信が行われやすいからである。

　ところが，以下に述べるとおり，意外と所属はバレてしまうものであり，そうなると，そもそも所属がバレることを前提にした発信内容ではないので，行き過ぎた発言になりがちであり，「○○社の奴がこんなことを言っている！」というように炎上するのである。

　さて，このようなことが起きるのは，インターネットには名探偵がたくさんいるからである。そして，非難を浴びるような発言をすると，「名探偵」たちが，「こんなケシカランことを言った奴は，どこの誰だ！」ということで，所属を割り出そうとするのである。そして，ネット上で継続的に発信をしていると，彼ら名探偵にとっては，所属を割り出すことは，意外にもさほど難しくない。

　「所属先を書いていなくても割り出しは可能である」ことは，研修について解説する**第3章**でも触れるが，モザイクアプローチという手法が用いられる。モザイクアプローチとは，断片的な情報を組み合わせて，意味のある，価値の高い情報を突き止める，という手法である。たとえば，筆者が研修や相談等でよく用いるが，「地方銀行の銀行員を名乗って，社会について辛口論評するブロガー（SNS ユーザー）」を想定するとわかりやすい。その銀行員は，もちろん銀行名を明らかにはしていない。しかし，地方銀行といえば，「一般社団法人全国地方銀行協会」に加入している62行ということで，あっという間に絞り込めてしまう。加えて，「今日は，投資の説明会だったが……」などという投稿をすれば，当日，あるいはそれに近い日に，そのような説明会を実施している地方銀行がわかれば，たちどころに1行に絞り込めてしまう。62行であれば，労を惜しまない「名探偵」が，62のウェブサイトを閲覧して絞り込むことは現実的に十分にあり得る。そして，当該銀行員が，顧客に対して批判的な言動をしていれば，「ケシカラン銀行員がいる銀行」ということで，容易に炎上につながるということになる。

　インターネット上において，このようなモザイクアプローチが可能なのは，同じ発信者が長期にわたり発信をしていれば，その発信内容は累積していき，ごく一部の投稿に含まれるごく一部の情報だけでも相当な分量になる，という性質が原因である。つまり，1回こっきりの発信であれば，その中に，発信者

の属性（上記の例でいえば地方銀行勤務）が含まれていても，発信者にたどり着くことは難しい。しかし，インターネット上の情報発信，SNS やブログは，過去の投稿が，延々と積み重なっていく。そして，基本的に勤務先のような特定につながる属性は変動しない。そうなると，たとえば数カ月に1回，勤務先の業種等，特定につながる情報を発信し，それを2年3年と続けていけば，10件近い属性，ヒントを与えることになる。そうすると，個人か，少なくとも勤務先を特定することはさほど難しくない。

「情報発信は積み重なっていく」「積み重なりから複数の『属性』を抽出すると勤務先等の情報が特定できる」「反感を買うような情報発信をすると，発信者を特定しようとする者が現れる」，これらは，長年ブログなどを運営している者であっても，あまり意識していないことであり，留意する必要がある。

ただし，プライベート上の SNS 利用について，就業規則や社内ルールに定めることは，なかなか難しい。もちろん，プライベート上の非行であっても，会社の信用等に影響があれば，懲戒事由にはなり得る。この点については，直接ルールを定めるというより，**第3章**で解説するように，研修において心構えを身につけてもらうことが相当であろう。

次に③のケースであるが，これは，②よりは少ないが，しばしばある。②と異なり，所属が表示されているので，あんまり危ないことは言わないでおこうという注意があるからである。もっとも，何がきっかけで炎上するかわからない。このあたりは，(2)で触れる注意点と重なるので，そちらで解説する。

第3章の研修の項目で詳しく解説するが，個人の特定まではともかく，所属については簡単に特定されてしまうこと，特に匿名なので油断して過激な発信をすると，それで反感を買って名探偵がたくさん現れるという，SNS の構造がある。これは教わらないとわからないリスクなので，研修等で強調することが重要である。

(2)　企業広報としてのルール

　(1)で触れたように，企業が SNS を広報に利用するケースは増えている。

　単純に広告としての効果を考えても，通常の広告であれば，企業自身の発信以上に広がることはあまり想定できないが，SNS においては，それを「シェア」つまり共有することで，消費者自身が拡散してくれるという特徴がある。また，そのような「シェア」の動向次第で，広告が成功しているのか，反響はどの程度か，という貴重なデータも得ることができ，メリットが大きい。

　さらに，企業側からの情報発信だけではなく，自社の製品やサービスについて意見を受け付ける，返答するなどの相互交流にも利用されている。この相互交流は，後述するように，非常にリスクが高いが，一方で，貴重な意見を得られる，ファンを獲得することができるなど，広報効果が非常に大きいというメリットがある。

　また，SNS，たとえば Twitter には，個別の製品やサービスへの不満，疑問点が投稿されることが多い。こうした場合に，そこから情報を得るだけではなく，個別に返信をすると，非常に喜んでもらえることが多い。たとえば，「A 社の製品 B で，〇〇をしたいんだけれども，どうしたらいいんだろう」というような投稿（つぶやき）に対して，「A 社の〇〇です。それについては，〇〇としていただければと思います」というような返信がされることがある。ユーザーとしては，疑問をつぶやいただけで，何かサポートにメッセージを送った，サポートを要請したつもりはないが，「困っているところに，頼んでいないのに颯爽と現れて助けてくれた」ということになるので，非常に高い顧客満足度が得られる。

　ただし，さすがに相互交流は気をつけないと（気をつけていても）反感を買って容易に炎上してしまう可能性がある。そこで，顧客とは交流しないが，製品情報以外にもいろいろと（オフィス近くで食べたランチがどうとか……）つぶやくことで親しみを持ってもらう，製品には興味はないが投稿・つぶやきには

興味を持ってもらい，最終的に製品（会社）にも興味を持ってもらう，という
方法もある。

　以上，まとめると，企業の SNS の利用スタイルとしては，次の 3 類型がある。

---

① 　広報だけを行うタイプ（会社の公式ウェブサイトの更新情報や引用を発信す
　　る）
② 　①の他に，業務や休憩時間の話などもする（昼食で何を食べた等，企業活動
　　と関係のない投稿もして，親しみを持ってもらう）
③ 　②に加えて，ユーザーの自社製品，サービスに関する投稿に返信をしたり，
　　あるいは，自社の取扱いジャンルの製品の購入を迷っている人におすすめし
　　たりする（例：タブレットの購入を悩んでいるため投稿をしている人に，自
　　社製品がおすすめですよ，と返信する）

---

　②や③は，うまくいけば，相当の広報効果があるが，炎上リスクもある。①
については，さほど広告効果はなさそうだが，新製品の発表などをシェアして
もらえることもあるので，ただのウェブサイトよりは広報効果が出やすい。①
→②→③の順で広告効果があるが，その代わり，リスクが高くなるということ
である。

　方針としては，②や③の運用経験のある者を起用できるという事情がない限
り，①から始めるべきである。①でも広報効果はあるし，こちらから返事をし
ない場合でも，どのようなリアクションがあったのか，そうした情報を得るこ
とはできるからである。また，新製品発表など，ウェブサイトでも掲載するよ
うな情報をそのまま掲載するのであれば，ミスも生じにくい。

　一方で，②と③は，何でもない投稿が，誰かの逆鱗に触れる，あるいは，半
ば曲解されて，炎上するというリスクが非常に高い。仮に，②や③を目指すに
しても，最初は，①から開始することが絶対に重要である。

　具体的には，以下のような方針・ルール・体制を整えるべきである。

Ⅰ 開始する前にその SNS をしばらく閲覧する

SNS には，それぞれ，特徴・傾向がある。要するに，SNS それぞれに空気があるから，空気が読めるようになるまで眺めているべきである，ということである。

社内でその SNS について詳しい人物や利用歴が長い者がいるのであれば，過去にどのようなトラブルが起きたのか，どのような言動がトラブルになりやすいのか，そのようなことを聞くことも有効である。

Ⅱ 段階を踏む（①→②→③）

すでに述べたとおり，この順序で広報効果は上がるが，リスクも高くなる。何事も，より簡単なものから難しいものへと進めるべきである。これは，Ⅰとも関係することであるが，何がトラブルになりやすいかなど，「空気」を理解して読めるようになっておくことが大事である。最初から，②や③をするのは，非常に危険である。

Ⅲ 最初に対応範囲を決めて，それを掲示しておく

実名，所属，特に専門分野などを明らかにしているとよくあることだが，全く交流のなかった人から，いきなり質問を投げかけられることがある。

企業の公式 SNS アカウントでも同様である。いろいろと要望や質問を投げかけられることがある。この場合，留意をしなければならないのは，インターネット上には，少なからず，「自分の問いかけには絶対に答えてもらえる。それが当然である。私の問いかけに答えないのは，何か後ろめたいところがあるからだ。あるいは，私の言動が正しいと承認しているからである（だから，何も言い返せない）」という誤解を抱いている者がいることである。要するに「赤の他人であっても，自分の相手をしてもらって当然」と思い込んでいる人々であり，とんでもないワガママだと思うが，相手が企業のアカウントや実名アカウントだと，このような一種の甘えのような感情を抱く人は少なくない。こうした者は，返事がないと，返事がないということ自体を問題視して，誹謗中傷

をしたり，とにかく，当該公式アカウントを炎上させようとしたりと，問題行動に及ぶことになる。したがって，最初に，SNSアカウントのプロフィール欄など，見やすい場所に，「このアカウントへの問い合わせ・メッセージへの返信は行っておりません」など，掲載しておくことが大事である。

　なお，上記の②③をする場合，返信をしたいケースもある。この返信をするという方針を立てる場合であっても，「返信をするかどうかは，こちらの方針次第である。返信を約束するものではない」ということは，表示しておいたほうがよい。この場合は，「このアカウントへの問い合わせ・メッセージへの返信は，お約束できません」などと，返信はすることはあるけれども，確約するものではない，ということを明らかにしておくことが適切である。

Ⅳ　特段の事情のない限り，意見の対立のあるトピックについては発信しない

　政治関係，政策，思想など，意見の対立のあるトピックについての発信は，避けるべきである。

　なお，この場合，「ほとんどすべての賛同が得られており，反対者の意見は，メジャーなメディアでは一切出てこない程度に少ない」場合であっても同様である。反対者が全体の数パーセントいれば，炎上につながるには十分であるからである。言い換えると，ある意見を見てそれに反対する，その発信について反感を覚えた者は少数者でも何度も発信する，大勢の者が発信するのと同じくらい発信力があるからである。少数でも繰り返すから，たくさんいるように見えるし，あるいは，そのように見せかけてくるのである。

　何が誰の反感を買うか，その判断は容易ではない。そして，大多数ではなくて，ごく一部の人の反感を買うかどうかで炎上の有無は決まる。ポイントは，その反感を覚える人の数ではなく，その強さである。ごく一部の人であっても，そのトピックについて譲れない強い意見を持っているのであれば，それは炎上の原因としては十分である。たとえば，「男女平等」「民族・人種の平等」といった，今日においては異論がないようなトピックであっても，これに反感を覚える者，そして，それを表明する者に攻撃を加える者はいる。

「ほとんどの人は支持してくれる（賛同してくれる）はずだから大丈夫だろう」は，決して通用しない。筆者も，この種の相談を受けたケースのほとんどにおいて，初見では「え？　これのどこが問題なの？」と驚き，詳しく読み込み，あるいは事情を聞いて，「なるほど，そういう経緯で問題になったのだな」と理解できることも多い。

　さて，ここで「特段の事情のない限り」と述べた。企業の方針，提供するサービスによっては，ある程度，この種の情報について発信する必要はあるかもしれない。この場合，Ⅵで述べるような点について留意しつつ，発信することも合理的な選択としてあり得る。たとえば，女性向けの商品を販売している会社において，男女平等について発信をするなどが想定される。

Ⅴ　挑発されるのは当然と心得る

　SNS においては，自分自身が自分の投稿として発信をするだけではなく，他人の投稿にコメントを付ける，あるいは，他人に直接メッセージを送るなど，そのような方法で交流する機能が備わっている。そのため，SNS の投稿に対して挑発的，もっといえば，「いかにして，こちらをイラつかせようか，工夫を凝らしている」ものがいることすら珍しくはない。挑発に乗るべきではない，と思っていても，やはり人間なので，イラッとくることはあるかもしれない。そのようなことが，疲弊につながって，公式アカウントの運用に支障が出ることもあるかもしれない。あるいは，ついつい不用意な反応をしてトラブルになる可能性もあるかもしれない。

　そこで，絶対に心得てほしいのは「SNS アカウントを運用するにあたっては，挑発されるのは当然」ということである。

　なんでそんなことをするのか，理解に苦しむかもしれないが，SNS において，発信をする人の動機の大部分は，読んでほしい，それだけではなく，何か反応がほしい，というものである。しかし，読者から反応が得られる投稿というのは，そう簡単なものではない。そこで，自分の発信について，何か反応をしてもらおう，そのために，あえて挑発的な文言であったり，非難めいた表現が使

われることはよくある。自社としては，「この人は，こんなに怒っているのだから，何か自分に落ち度があったのではないか」「こんなに怒っているのだから，対応しておいたほうが無難ではないか」と思いがちだが，そのような必要があるケースは稀である。

　上記のように，普通に話していても反応してもらえないので，片っ端から実名，公式アカウントに攻撃的なメッセージを送っているという者が一定数いる。筆者も，SNS を利用していて，なぜこんなに挑発的な返信ばかり送ってくるのだろうか，と不思議に思って発信者の過去の投稿を見てみると，自分自身の投稿はほとんどなく，発信のほぼ全部が，他人への攻撃的な返信であった，ということはしばしばある。

　SNS に不慣れだと，このような投稿にいちいち感情的になったり，あるいは何か応答しないといけないのかと勘違いしてしまったりする。しかし，そのような必要はないし，さらに挑発されるだけであり，何のメリットもない。

　なお，中には，「返事がないということは，自分の言い分を認めたんだな！」と言われることもある。しかし，そのようなことは，事実上も法律上もあり得ず，気にする必要はない。当たり前の注意点かもしれないが，前もって，「反応がほしくて攻撃的な言動をする」人々が SNS には一定数以上いることに留意しておくことが大事である。

VI　発信前に複数の目で確認する

　書類を作成して同僚や上司に提出したところ，思わぬ誤字が見つかった，それも，少し確認すればわかるレベルの誤字で，なぜ自分で気がつかなかったのかと驚いた経験もあると思う。

　自分が作成した文章の誤りというのは，なかなか自分自身では気がつきにくい。自分の文章を一番多く読んでいるのは他ならぬ自分であり，間違いがあっても，無意識に自分で解釈を補充してしまうので，気がつかないのである。そして，自分の文章について気がつきにくいのは，誤りに限った話ではない。読んだ人が反感を覚える，いわゆる炎上の原因についてもそうである。Ⅳで指摘

したように，一部の人間の反感を買えば，炎上の「燃料」として必要十分である。

　筆者は，業務上，炎上してしまった人からの相談や，炎上に便乗して違法な投稿をしてしまった人からの相談も受けている。最初に，そもそもの発端になった投稿を見せてもらうわけであるが，筆者の目からしても，「あれ？　これのどこが問題？」と思うことがしばしばある。そのようなときは，一緒に相談に乗っている弁護士や，あるいは法律事務所の職員にも見せて感想を聞くわけであるが，そのうち1人だけが，「これは○○という点が問題ですね」と気がつくことも多い。もちろん，その逆も然りで，筆者は問題点を言い当てたが，他の弁護士や職員がわからないこともある。

　要するに，ある投稿が炎上するか，それを見つけられるのかは，努力や能力だけの問題ではなく，人それぞれの感性やこれまでの経験によるところが大きいのである。そして，1人の人間が，そうしたものを全部把握することは不可能である。

　もっとも，複数の目で見ると，それでも「これはまずいのではないか」ということがわかることがある。誤字の例を挙げたが，特に自分の間違いには自分では気がつきにくい。そこで，会社公式アカウントからの発信においては，少なくとも発信前に2人以上の目でチェックするフロー，体制を整えておくべきである。

　意外と，自分以外の人の目から見てもらうことで，「これは，反感を買うのでは？」と気づかれることは多い。有名大企業のネット上の発信が炎上するケースは，たびたびあるが，その中には，「こんなこと書いたら絶対に問題になるだろう」というものもある。SNS ではなく，メールの送信の案件であるが，**第1章3**(1)で触れた有名メーカーの事例では，災害の直後に被災者もいるであろう就活生に対して，短い募集締切を設定するなど，第三者が見れば炎上は必至の内容であった。しかし，発信者は，もちろん，就活生に嫌がらせをしたかった，あるいは，炎上を狙ったのではなく，「これくらいは問題ない」と考えていたと思われる。炎上の原因となる発信のほとんどは，誰かを傷つけよう，あ

るいは，攻撃する意図はなく，結果的に傷つける，反感を買うことで生じるものである。したがって，複数名の目で確認することは必須である。

　さて，もちろん炎上は避けるべきだが，炎上してしまっても，あまり深刻に捉える必要はない。実害は言われているほどないことがほとんどである。筆者自身の経験としてすでに述べたとおり，「え？　これが原因？」と気がつくことは簡単なことではない。十分に気をつけ，落ち度がなくても，炎上は起きるのである。そのため，仮に炎上が起きても，安易に担当者を非難するべきでないと筆者は考えている。

Ⅶ　謝罪するときは繰り返さない

　炎上した場合，あるいは，それ以外の事件で，SNS 上で「お詫び」を発信することもある。この場合，1 回目の謝罪は十分に推敲して発信し，かつ，繰り返さないことが重要である。

　SNS 上では，たびたび，謝罪の発表や対応について，それが不十分であるなど非難が終わらないことも多い。実際に対応が不十分なことが原因であることもあるが，筆者の経験上，大多数は，「叩き足りない」ということである。ネット上で不祥事があった場合，どこからともなく現れて非難をする人は多数いる。こうしたケースでは，謝罪を繰り返したところで，落ち度を見つけ出され（作り出され）て終わらないことがほとんどである。

　したがって，謝るのであれば，1 回限り，十分に準備して行うことが適切である。

Ⅷ　「フォロー」に注意

　SNS には，フォローといって，他の人の投稿を継続的に表示する機能がある。一種の「購読」のような機能である。

　たとえば，Twitter では，フォローをすると，その人の投稿がタイムライン（自分の Twitter 画面）に表示されるということになる。こうして，興味のある分野について発信している人をフォローしていき，自分の関心のある情報を

集める，ということになる。

　さて，このフォロー機能であるが，基本的には，ある人が誰をフォローしているかは，外から知ることができる。フォローしているのは，興味関心があるからなので，外から，自分の興味関心が知られる，ということになる。

　したがって，企業の公式アカウントでのフォローは，自分のグループ企業に限るべきである。全く関係のないフォローをすると，それだけでも炎上の原因になる。過去には，グラビアアイドルをフォローしていて，それが原因で炎上したという例もあった。

第 **3** 章

インターネット・SNS トラブルの予防②
——心理的な防御・研修

1　すべての原因はどこにあるか

(1)　コンピュータではなく人が原因である

　情報漏えいにせよ，炎上にせよ，基本的には人が原因である。

　高度な技術を誇る侵入者が，ネットワークに不正にアクセスし，暗号を解読し，それで情報を入手する，というようなフィクションのような話は，皆無とは言わないが珍しい。少なくとも，筆者が相談に乗ってきた案件の95%は，人為的なミスで情報漏えいが発生した，金庫の鍵を開けられたのではなく，閉め忘れて発生したという案件である。炎上については，不用意な発信が原因であるのだから，なおのこと人が原因であるということになる。技術的に不正にネットワークに侵入されるというのであれば，いかに自社が気をつけていても限度がある。より強固なセキュリティシステムを構築する，それにコストを投下して導入をしていく，という対策が必要になる（もちろん，それも重要であるが，純粋に技術の話になるので本書の対象を外れる）。

　したがって，繰り返しになるが，鍵をこじ開けられるのではなく，実際は，鍵の閉め忘れが原因の大部分であるのだから，人次第で対策が可能なのである。

　さて，人次第の問題となると，その「人」について対策をすることになる。具体的には，**第2章**で述べたようなリスクの認識とルールの策定となるが，さらにそのルールを周知するだけではなく，研修を実施することが望ましい。研修で何を目指すべきか，どう教えるべきかについて，筆者の経験も踏まえて，本章で詳しく解説する。

(2) 「意識」が重要な理由

　通常，研修の目的は「必要な知識を身につける」というものである。研修の場において，講師が必要な知識について解説し，受講者がそれを聞いて覚えて理解する，これは普通の流れである。本章で解説する研修も，この点は何ら変わるところではない。

　しかしながら，情報漏えいにせよ，炎上にせよ，それを発生させてしまった者は，別に必要な知識を欠いたわけではないケースも多い。たとえば，**第2章6**においては，意外な漏えいルートについて解説してきたが，それらが漏えいルートになるということを知っていれば防げるし，知らなかったからこそ漏えいにつながっているものである。

　一方で，PDFの墨塗において，「黒い四角」を設置しただけでは，下にデータが残ること，ZIPファイルの暗号化は，ファイル名には通常は及ばないので，ファイル名は丸わかりということ，短いと解読することもさほど難しくないということ，これは，知識の問題である。これらの知識を欠いてしまっていて，情報漏えいをしてしまうことはあり得る。これらの漏えいの原因は知識不足であり，研修等でその知識を得ていれば，そのような情報漏えいは発生しなかったといえる。

　しかし，単にメールによる情報漏えいは，知識の問題ではない。誰だって，メールは送った先に届く，間違えることはある，間違ったメールアドレスを指定するとその間違った先にメールが届く，そうなると，そのメールの記載内容の情報が漏えいするということは知っている。したがって，メールで情報漏えいをするということは知識の問題ではない。これは，必要な注意を怠るという意識の問題である。

　情報漏えいや炎上の相談を受ける筆者の経験上も，知識不足や誤解などで事件が起きるというケースは，比較的少ない。圧倒的に大部分を占めるのは，それはダメであるということは知っていたが，注意をする意識が不足しており，

事故を起こしてしまうというケースである。

　研修においては，もちろん，最初に述べたような知識について身につけてもらうことも大事であるが，それ以上に，ルールを遵守する，ミスを減らす「意識」を身につけてもらうことが重要である。

(3)　研修の副次的効果

　研修には，情報漏えいや炎上を防ぐという他に，副次的な効用がある。本章4(2)でも触れるが，裁判で有利になるということである。

　たとえば，情報漏えいをしていないが，情報漏えいをしているなどとデマが投稿された場合，その投稿者を特定するために発信者情報開示請求をする。そのためには，「情報漏えいはしていない」ことについて，一応の証明が必要である。もちろん，これは，存在しないことの証明，いわゆる悪魔の証明であり厳密な証明は不可能である。裁判実務上は，単に会社側がそんな事実はないと述べるだけでは不十分としているが，一定の証拠を提出して，「絶対にそのような不祥事は存在しなかったとまではいえない。けれども，証拠からすると，概ね存在しないといってもいいだろう」くらいの認識を裁判所に抱いてもらえれば請求は認めてもらえている。

　したがって，情報漏えいや，炎上対策についての研修を実施しており，その記録（受講者によるレポートなど）を残していれば，裁判にとっての有力な証拠になる。もちろん，事件後に慌てて研修を実施しても意味はないが，「事故前から実施していました」と裁判所に主張することができることは，発信者情報開示請求事件において大事なことである。

　なお，これは，ネットトラブルに関する研修固有の問題ではない。セクハラ・パワハラが横行しているとのデマを投稿された場合，ハラスメント対策の研修をしている，相談窓口がある，そのような証明は，会社側の言い分，つまり発信者情報開示請求を認めてもらうために有力な材料となる。

2 研修の実施にあたって心得ること

(1) 最初からすべて網羅できると期待しない

　第2章では，電子メール利用の注意点，よくある失敗，あるいは意外な漏えいルートについて解説した。意外な漏えいルートは結構な数であるし，筆者の相談対応等の経験上，頻出のものは概ね紹介したつもりである。しかしながら，意外なところからの漏えいというのは，まさに「意外」，本書のような書籍に掲載されていないから発生するのである。本書を執筆しているまさに今も，タスク管理を共同で行うクラウドサービスからの情報漏えいがニュースになり驚いている。

　研修において，情報漏えいなり，炎上についてのルートをみつけるのは，時間制限を一切考えなければできるかもしれない。しかし，膨大な時間がかかるし，そもそも新しい漏えいルートは日々生まれるのであるから意味がない。

　したがって，そもそも研修でリスクをすべて網羅できると期待しない，それを目指さない（目指せない）ということを認識するべきである。

(2) やるべきこと・やっちゃだめなことは述べるがそれに頼らない

　電子メールの送信においては，アドレス帳に必ず登録するべき，「返信」ボタンでメールを作成して送信するべきであるということは，第2章でも繰り返し述べてきた。これは，やるべきことである。

　一方で，メールアドレスを手打ちして，そのまま重要なメールを送ることは危険なのでやるべきではない。これは，やっちゃだめなことである。もちろん，

このようなことを周知しておくことは大事である。しかし，(1)で述べたように，そもそも網羅することはできない。

　つまり，やるべきこと・やっちゃだめなことを述べることは大切であり，必須である。**第2章**で触れたような内容は，筆者の相談経験に基づくものであり，実際にこれらの注意を怠ったり，これらのルートから情報漏えいして事件になっていることが多い。ただし，網羅することはできないから，このやるべきこととやっちゃだめなことにだけ頼るべきではない。これらを基礎にしつつ，次の(3)で触れるようなことを研修の「獲得目標」にするべきである。

3　研修の獲得目標

　研修で，受講生に何を獲得してもらうべきか。これが研修の獲得目標である。

　実際には，外部の研修講師に依頼することになるが，以下の各点について，留意をしてもらえるよう，依頼をするべきである。また，これらの各点は，外部の講師に依頼せず内部で研修を実施する，あるいは，注意点を周知するなどの場合にも有益であるので活用されたい。

(1)　よくある落とし穴を解説する

　筆者の経験上，情報漏えいや炎上の大部分は，本書の**第2章**で触れたようなよくある落とし穴にはまったせいである。

　たとえば，ファイルのプロパティや，PDFの墨塗による情報漏えいなどは，定期的に事故が起きている。これらのミスは，全く同じである。全く同じであるのに繰り返されるということは，まだまだ，これらの落とし穴について知らないまま業務を行っている者が多くいる，ということである。もちろん，冒頭で述べたように，これらの落とし穴をすべて網羅することはできない。しかし，毎回，いろいろな会社等で同じ落とし穴にはまるという事故が相次いでいるのである。したがって，これらの落とし穴を前もって埋めておくことには，それなりに意味があるといえよう。逆にいうと，こんなに頻出の落とし穴であるにもかかわらず，この類型のミスをすると，「ろくに教育をしていない会社」という烙印を押されかねない。

　大部分が同じような落とし穴にはまる以上，少なくとも，この点に触れてさえおけば，落とし穴にはまる回数は相当減る。したがって，「落とし穴について，全部網羅はできないけれども，頻出のものだけでも押さえておく」ことは，重要である。

(2) 「個人の責任問題」であることを理解してもらう

　ほぼすべての原因は人間にある。そして，それは人が能力不足であった，あるいは，攻撃者（情報を盗み取ろうとする者など）より劣っていたなど，そのような優劣の問題ではない。大部分は，能力うんぬんではなくて，単に，必要な注意を，それも容易に守れるような注意を怠ったというにすぎない。

　業務用のメーリングリストについて，第三者が閲覧できるようになっていたというのであれば，最初の設定に誤りがあったということである。PDF の墨塗ミスであれば，墨塗のつもりで墨塗の機能ではない「黒四角」を描画する機能を使ったことが原因である。電子メールの誤送信であれば，送信前に宛先を確認しておかなかったことが原因である。

　インターネットや SNS トラブルの特徴は，一般従業員が端末を操作する限りにおいては，個人の責任に帰着する点にある。大規模なシステムの管理や運用であれば，複数名が協力していることも多く，そうなると，個人の責任に帰着しないこともあり，プロ・専門家の団体責任になる余地はあるものの，逆にいうと，一般の利用者によるトラブルは個人責任の問題になるということである。

(3) たびたび事件になっていることを改めて確認する

　本書に限らず，インターネットや SNS トラブルについて解説した書籍は多数ある。企業向けのものもあれば，一般市民向けのもの，あるいは弁護士向けに法的手続について解説したものもある。

　本書で繰り返し触れてきたとおり，ネット犯罪者が侵入する，データを盗む，破壊するというケースがないわけではないが，非常に稀である。実際にほとんどを占めるのは，(2)で述べたような一般個人の単純ミスである。

　データの流出等のトラブルは，ほとんどが従業員個人のミスに起因するにもかかわらず，それらは自分には関係がないと思っている者がほとんどである。このような事故・事件は定期的に発生している。読者の方々も，そのようなニュースを目にすることは少なくないだろう。

　したがって，このような事故の一覧を見せて，「頻繁に発生しており，自分もいつ当事者になるのかわからない」ということを意識づけることが重要である。

(4)　社内で処分の対象になることを意識してもらう

　第2章で就業規則の整備について触れたが，基本的に，不適切なネットの利用によりデータを流出・破損させ，あるいは企業の信用を低下させた場合には，それは懲戒処分の対象になる。

　やはり人間というものは，自分の利害に関わらないと真剣になることはできない。また，業務上の命令で一定の防止策を定めており，かつ，それに違反した場合も処分の対象と認識してもらえれば，より効果的である。たとえば，アドレス帳に登録した宛先以外にメールを送ってはいけない，USB メモリに暗号化していない社内資料を格納してはいけない，実際に情報漏えい等の被害に結びつかないが，その危険をもたらすルール違反を処分の対象にする，などである。

　情報漏えいトラブルは，メールの誤送信や USB メモリの紛失が代表例であるが，それがはじめてのメール送信や USB メモリの持ち出しであったということは基本的にない。これまでに，メールの不注意な送信（アドレス帳を利用しないなど）や USB メモリに社内データを格納して持ち出すことなどを繰り返しており，繰り返していく中で，たまたま事故につながるケースがあり，その結果，漏えいが生じてしまうということである。

　多くの場合，漏えいなどの事故を起こせば問題になるとは思っていても，データの持ち出しなど，普段の不注意については，実際に事故にならないと問

題にしない，気にしないという者が非常に多い。したがって，事故に至らない防止のためのルール違反も，懲戒処分の対象になることを，従業員に認識してもらうことが重要である。

(5) 社外から責任を追及されることを理解してもらう

　筆者は，ネットトラブルの予防の他，労働安全衛生など，安全確保のための講演を会社向けにたびたび行っている。

　最近ではコロナ禍の影響もあり，収録やビデオ通話などを利用しての講演が増えたが，それ以前は，会場に集まって話を聞いてもらうという形式をとっていた。そのため，話すテーマ，トピックごとの受講者の反応を直に見ることができるが，ネットトラブル予防に限らず，このような事故防止の話は，特に自分自身の安全に関わらない（逆に，たとえば，工事現場における安全の問題であれば，本人の不注意はただちに自分の負傷や時には死亡にすらつながるのであるから，ある程度真剣になる）ので，あまり集中して聞いてもらえないこともある。(4)でも指摘したが，誰であっても，自分の利害に直接に関わらないと，どうしても，興味関心が湧きにくいものである。

　しかし，ネットトラブルを含む，企業の従業員の不法行為（違法に他人の権利利益を侵害する行為）においては，従業員は，直接社外に対して責任を負担することになる。

　通常，従業員としては，自分が業務上のミスで，顧客をはじめとする社外の者に損害を与えてしまった場合，会社に迷惑をかけたということで会社から責任追及されるということは，想像できる。しかし，法律上は，業務上，従業員が社外の者に損害を与えた場合には，会社だけではなく，従業員個人も被害者に対して直接責任を負担することになる（民法709条・715条1項）。

＊民法709条

　故意又は過失によって他人の権利又は法律上保護される利益を侵害した者は，これによって生じた損害を賠償する責任を負う。

＊民法715条1項

　ある事業のために他人を使用する者は，被用者がその事業の執行について第三者に加えた損害を賠償する責任を負う。ただし，使用者が被用者の選任及びその事業の監督について相当の注意をしたとき，又は相当の注意をしても損害が生ずべきであったときは，この限りでない。

　要するに，原則は，従業員が個人責任を負う（民法709条）が，勤務先も連帯責任を負う（同法715条1項）ということになっている。つまり，従業員個人の責任こそが，法律上は原則である（なお，両者の負担割合は事情により算定されることになる）。

　したがって，情報漏えいなどで取引先や顧客に損害を与えた場合，話し合いによる解決ができなければ，会社だけではなく，従業員も個人的に訴えられるということになる。裁判で被告として賠償請求を受けるという立場になることは，金銭面だけではなく，精神面においても，非常な負担である。また，通常は勤務先を担当する弁護士と同じ弁護士が弁護を担当することになるだろうが，勤務先と自分との責任分担について疑義がある場合，つまり，両者の利益が相反する可能性がある場合には，従業員は自ら弁護士を探して，自らの費用で弁護士に依頼をしなければならない可能性もある。

　要するに，繰り返しになるが，企業の業務上の事故であっても，法律上は，従業員の個人責任が原則であることになる。

　筆者の経験上も，このような「社内の責任だけではなく，社外からも責任を，それも直接法廷で問われる可能性がある」という話は，非常に興味関心をもって聞いてもらえる。社内だけではなく，社外との問題にもなるということ，会社への責任ではなく，社外の被害者への責任も生じるということなので，従業

員個人が直接責任を問われないように，会社の問題ではなく自分自身の問題として認識をしてもらうためにも，ぜひ，受講者に提示するべき視点である。

(6)　終わった後も終わらないことを伝える

　ネットトラブルは，終わった後も終わらない。

　情報流出であれば，流出が終わったとしても，一度流出した情報を完全にインターネットから消し去ることは現実的に不可能である。したがって，情報流出は，情報流出という事件が終わった後も，その被害は発生し続けるということである。「注意一秒，怪我一生」という言葉があるが，まさに，情報流出においても同じことがいえる。

　そして，単なる情報流出よりも従業員個人にとって深刻なのが，不適切な情報発信により炎上をしてしまったケース，しかも担当者の氏名がわかっているケースである。非難を集めれば集めるほど，その不祥事は，あたかも俳句の季語のように定期的に用いられ，決してその事件は忘れられることなくくすぶり続けることになる。

　非常に有名なケースであり，ご存じの方も多いだろうが，ある著名メーカーの採用担当者が，大規模災害で，各所で通信や交通が途絶している状況下で，就職希望者の応募の締切を非常に短く設定し，また，不遜な物言いをしたため炎上したという事案があった。そして，自ら，「A社のXです」と名乗っていたところ，酷いことをしたXということで，ネット上で有名人となってしまった。今でも，毎年その災害があった日になると，ネット上には「A社のX」ということで繰り返し言及され，おそらくは，A社のみならずX個人にも損害が出ていることが危惧される程度である。A社としてもこれを深刻視しており，そのためか毎年その日には，企業の公式SNSアカウントでの発信を差し控えるほどである。その日に発信をすると，多数のコメントが付されて，さらに事件の情報が広がってしまうため，それを避けるための配慮であると思われる。

企業のみならず，従業員個人にも損失が生じることがあるということ，それ
は終わらない，つまりその企業を退職しても続くこと，など深刻さを印象づけ
ることは，研修の内容を確実に実践させる上で，重要である。

(7)　具体的な防止策〜面倒でないことが大事

　具体的な防止策については，第2章で詳しく解説した。このような心がけ，
対処を励行するように，研修では指導をするということになる。もっとも，第
2章でも指摘したとおり，人間，誰しも面倒なことは続かない。したがって，
研修においても，「最低限やってほしい」「これだけでもやってほしい」という
ように，極力ごく簡単な方法で済ませるように工夫するべきである。

　工夫の方法であるが，「少し面倒なことについては，責任者・担当者を決め
て，その人にやらせる」ということがある。慣れれば，事故も防止できるし，
難しい対策も履践できるからである。具体的にたとえを出すと，第2章のクラ
ウド活用の件について，「共有設定をした場合は，設定後，ブラウザのプライ
ベートモードで確認する」という対策を紹介した。クラウドサービスごとに操
作方法は異なるし，操作を誤ることもある。たとえば，Aファイルを共有し
ようとしてBファイルを共有してしまった，ところが，その操作後，（共有さ
れていない）Aファイルが外部から閲覧できないので，改めて，Aファイル
を共有したという場合，Bファイルは共有されたままとなり，情報漏えいなど
の事故の原因になりかねない。メールアドレスをアドレス帳に入れることなど
と比べて難しいクラウドサービスなどの操作については，限られた担当者に操
作を委ねることも効果的である。操作を繰り返して慣れればミスは少なくなる
からである。この例では，外部共有をする場合には，担当者Xに依頼するよ
うに，などといったルールを作成しておくということである。

　実際に，筆者が案件として取り扱うものも，適切な安全策が用意されており，
従業員への周知も行われていたが，遵守されておらず，トラブルにつながって
しまう，という例が散見される。共通するのは，従業員が特に怠けているとい

うことではなく，とにかくその対策が面倒であって，忙しいのにやっていられない，仕事が遅れるかルールを守るかの二択なので，守れないのもやむを得ない，というものであることが多かった。

4　研修後にやっておくべきこと

(1)　報告書を提出させる

研修は，大勢の従業員の時間という少なくないコストを費やして行うものである。したがって，それを極力無駄にしないよう，効力を引き上げるようにするべきである。

具体的には，受講者に対して報告書を提出させるべきである。特別なことではないと思われるかもしれないが，実はとても有効である。

ただし，報告書を提出するように漠然と指示しても，一から作成をすることは，それこそ講師と同じようなことをやらせることに等しく，うまくできないだろうし，効果もあまり上がらない。

そこで，報告書においては，フォーマットを提供し，その中には，研修の内容について，具体的な質問（(2)で解説する）を盛り込んでおくべきである。また，記憶がはっきりしている早い時期に提出を求めるべきであり，さらに，受講者全員に提出を求め，かつ，提出された報告書は，保管をしておくべきである。

(2)　報告書に盛り込むべき内容

まず，研修を実施した場所，時間について記載しておくべきである。これに何の意味があるか，不思議に思われるかもしれないが，(3)以下において触れるように，研修には，研修により知識を身につけてもらうということ，注意する意識を持ってもらうということ，それだけではなく，研修を実施したという事実の記録を残す，それを活用するという意義がある。したがって，研修を間違

いなく実施したという記録として，各人の作成する報告書には，場所や時間を記載させておくことが必要である。

　次に，研修の内容について，ごく簡単でいいので，質問形式で答えさせておくべきである。具体的には，報告書のひな型，フォーマットとして，質問（記載）事項を指示しておくべきである。

　本章3で解説した，研修において触れるべきトピックを素材に質問例を作るとすると，次のようなものが考えられる。

1．頻出のネットトラブルには，どのようなものがあるか。

2．1のトラブルの中で，最も深刻であると思うものと，そう思う理由は何か。

3．ネットトラブルの防止のためには，システムやネットワークの管理を担当する専門家だけではなく，すべての従業員個人が責任を持ってネットトラブル予防に努めるべきであるが，その理由は何か。

4．ネットトラブルについては，社内における処分の他に，責任追及がなされるが，それはどこからなされるのか。

5．ネットトラブルは，事件が終わった後も被害は続くが，それはどうしてか。

　もちろん，試験問題ではないのであるから，詳細な回答を求める必要はないし，記載内容が不十分だからといって特に再提出を求めることまでも必要はない。

　要するに，きちんと研修を実施したということ，実施しただけでなく，理解度の確認などまでフォローしたことを記録に残すということである。

(3)　報告書を作成して集めておくメリット

　報告書を作成しておき，それを集めて保管しておくことのメリットは大きい。直接的には，研修をして，内容まで確認すれば，各従業員は，今後研修内容

に気をつけるようになり，トラブルを未然に防ぐことにもつながる。これは，ハラスメント防止研修等と同じような効用である。

　一方で，法的にも重要な効用がある。具体的には，このような研修をした以上は，違反行為が従業員にあれば，懲戒処分を行いやすくなる。従業員は研修を受けて事前にネット利用の注意点やその重要性を理解しなければならなかったのに，それを怠って違反行為してしまった場合，企業による懲戒処分に法的な正当性をより与えやすくなる。

　そして，さらに重要なのが，企業への誹謗中傷やデマなどに対する法的措置がとりやすくなる，ということである。

　第1章で述べたとおり，一度発生したネットトラブルの被害回復は非常に困難である。特に，発信者情報開示請求，つまり，誹謗中傷やデマの投稿者の情報の開示をプロバイダに求めるためには，権利侵害の明白性が必要である。企業の場合には，それが労働環境や，企業活動の適法性といった，一応「社会の正当な関心事」である場合，その問題の不名誉な事実について，存在しないことを証明することが求められる。このハードルは，かなり高いものである。たとえば，顧客情報を漏えいしている，販売している，悪用しているという誹謗中傷があった場合，このような企業活動の適法性は，社会の正当な関心事である。そのため，この事実について，存在しないという一応の証明をしないと，発信者情報開示請求は認められない。

　実際の証明方法であるが，裁判所としても，そのような存在しないことの証明は一般的に難しいので，そこまで厳密な証明を要求しない。ただ，存在しないであろうことについて，一応の根拠をもって主張立証できれば，それで足りる，と考えている。この「一応の根拠」として，重要かつ有益なのが，研修を行った記録である。研修などの防止策を講じていたことは，裁判所が一応の根拠として採用してくれる傾向にある。

　話は，ネットトラブルから離れるが，セクハラやパワハラの事実を指摘する投稿については，予防研修や通報・相談窓口の存在が，発信者情報開示請求を認めてもらうにあたっての重要なポイントとなる。

　このような研修や体制の整備というのは，事件が起きてからでは遅い。また，どんなに優れた弁護士に依頼しても，事前に研修などの対策を実施していないと，発信者情報開示請求は困難になる。まさに，企業の法務担当者しかできないことであるので，ぜひ，励行するようにされたい。

　最後に，これは法律上の問題ではなく，事実上の話であるが，ネットトラブル，特に情報漏えいや不適切な情報発信については，非難が集中する，いわゆる炎上が発生しやすく，かつ，なかなか終わらない。ただし，このような研修の実施の事実は，「対策をしていたのに発生してしまった」ということで，非難を減少させる効果もある。

　要するに，研修の実施の事実は，事故の予防につながるし，発生時の損害も減少させることができる，そして，法的措置においては強力な武器になるということがいえる。

　通常，研修というと予防ばかりを意識しがちであるが（もちろん，それが主目的である），ネットトラブルにおいては，法的紛争で「勝てる」ようにする武器にもなるのである。

第 **4** 章

インターネット・SNS トラブルの予防③ ——再発防止

....

1 再発防止が重要な理由

(1) 小さな事故・違反から始まっていることが多い

　情報漏えいであれ，不適切な情報発信にせよ，いきなり，ネットの利用初日に発生するということは稀である。

　情報漏えいであれば，普段からUSBメモリに機密文書を入れて持ち帰る，メールの送信先をチェックしない，アドレスを登録もせずに送信するなど，そのようなヒヤリ行為が，事故発生以前に繰り返されていることが通常である。不適切な行為をしていきなり事故が起きるということは皆無ではないが，まず滅多に起きないことである。

　不適切な情報発信でも，筆者の経験上，ほとんどのケースでは，ろくにチェック体制を設けていない，それどころか，投稿のルールも不十分か甚だしくは存在しないケースがほとんどである。そうした中で，「企業の公式アカウントだから，とりあえず，注意しよう」程度の認識で投稿を繰り返しているうちに，問題のある投稿をしてしまう，というのが通例である。

　もう少しわかりやすいたとえを出すと，飲酒運転等違反が原因の交通事故に類似しているといえる。飲酒運転にせよ，速度違反にせよ，それらがただちに交通事故につながるものではない。それらを繰り返しているうちに，事故につながるというのが通常である。こういう痛ましい事故が起きるたびに，以前からドライバーが違反行為を繰り返していたとの事実が明らかになることは珍しいことではない。

　小さな違反や事故の繰り返しが，大きな違反や事故につながるというのであれば，その小さいうちに発見して再発を防止することが可能である。そのような予防の契機にできるという意味で，小さな違反や事故は，重大な結果の原因で

あるが，一方で従業員への指導や注意，ルール策定のチャンスであるともいえる。

(2)　小さな事故の再発防止は大きな事故の発生時の説明にも使える

　本書の前作でも触れた（『インターネット・SNSトラブルの法務対応』152頁）が，ネットトラブル全般は，法的措置による被害回復が非常に困難である。

　誹謗中傷など明白な加害者，責任を負うべき者がいるケースでも，その発信者を特定することの難しさ，そして賠償金額の不十分さから，被害回復はとても難しい。

　また，USBメモリの紛失やメールの誤送信などの情報漏えい，あるいは不適切発信による「炎上」のケースであれば，責任は自社にある。したがって，お詫びをする必要はあるが，誰かの責任を追及すること自体は不可能だということになる。

　結局，賠償請求による被害回復が現実的ではないケースが大部分であるということで，上記の前作においては，自社からの広報の有用性，方法を解説した。

　前作ではゼロからの広報（プレスリリース）の作成方法を解説したが，できれば，何か書ける材料があればよい。デマなどの誹謗中傷を打ち消す内容はもちろんのこと，情報漏えいなど一方的に自社が悪い事案においても，その落ち度を打ち消し，読み手に説得力を与える材料があれば，その有効性は大きくなる。

　そこで，小さな事故の再発防止は次の2つの視点から，広報において活用，つまりは記載することで説得力が増す。

① 過去において小さな事故があり，再発防止のために尽力していたこと，それにもかかわらず事故が発生してしまったこと
② ①の対策をさらに強化すること

　①については，防止策が不十分であったということで，失策のように取られるかもしれない。しかし，社会の耳目を集めるような企業の不祥事においては，「以前から問題のある行為・取扱いがあり，放置されていた。その結果，今回の重大な結果につながった」というケースが少なくない。そうした中で，不適切行為を放置していたのではないか，という疑いを払拭できるような材料を事前に用意しておけば，広報において周知することに困らないということになる。

　また，対策をしていれば，結果的に問題が生じたのであるから，不十分であるという誹りは免れないとしても，②その対策を強化する，あるいは，そのような方向で十分に対外的に発信できる材料が手に入る，ということになる。

　もちろん，小さな事故を発見して，再発防止策を講じることの第一の目的は，事故の再発防止であり，ひいては，大きな事故が起きないようにするためである。ただし，それでも人間というのはミスをするものである。そのような場合に備えて，被害の発生防止だけでなく，その被害の拡大防止，被害の回復にもつながるという観点からも，再発防止策は重要である。

　このような再発防止策は，大事である，必要だなど，そのように言われてもなかなか実践しにくい。だが，このようなメリットもあるとわかれば，意識的に取り組めるのではないだろうか。

(3)　是正のきっかけになるし，それをしない従業員を処分できる

　小さな事故や違反の再発防止は，是正のきっかけとなる。

　USBメモリが一時的に行方不明になったが，すぐに社内で発見された，あるいは，メールやファクシミリを誤送信したが，そもそも宛先が存在しなかったので届かなかった，または第三者に閲覧されても問題のないものであったなど，そのような小さな事故はたびたびあるかもしれないが，いずれも是正のきっかけにすることができる。「今回は，大事にならなかったが，今後はそうならないように，○○に注意しよう」という具合に，である。

　人間誰しも，抽象的に注意点を述べられただけではなかなか説得力を感じない。筆者の経験でいうと，中小企業の経営者に「残業代はしっかり払いましょう」といっても，なかなか説得力を感じてもらえないということがある。そのような場合は，「私が代理して残業代を請求した案件で，付加金（残業代等が未払いの場合，裁判で請求すると同額が付加される制度である。つまり，倍額になる）もついて合計で700万円になったことがあります。今は消滅時効が2年から3年に延長されているので，今だったらもっと高額になります」と言うと，興味や危機感を持って聞いてもらえる。このように，抽象的な注意や警告は，受け手にあまり感銘を与えないが，具体的な内容，それも自分自身の不利益に関わるものであれば，人は真剣に注意を聞いてくれる。

　特に，実際に事故に至らなくても，不当な情報の取扱いについては，就業規則や業務上の指示に違反するということになれば，懲戒処分が可能である。もちろん，解雇はそう簡単にできないし，文書で注意するなど，そのような程度から始めることになる。もっとも，それでも，心理的な効果は強いし，仮に繰り返しがあれば，さらに重い処分を行うこともできる。

　処分を行うことはもちろん手段であって目的ではない。ただ，このような対処をすることで，非違行為の防止になるだけでなく，(2)で述べたような対外的な説明に使うことができる，非難を和らげる効果も期待できる。つまり，従前から違反については指導や処分を行ってきたが，それでも防げなかったということで，純粋な怠慢で生じた事故ではない，と説明することができるということである。

2　社内の再発防止

(1)　言うのも聞かせるのも書面で

　再発防止策については，1で説明したとおりであるが，ここでは，内容ではなく手段や方法について説明しておきたい。

　とにかく大事なのは，言うのも聞かせるのも，注意するのもルールを伝えるのも，すべて書面で行うということである。もちろん，電子メールや，社内グループウェアを使用する方法でもよい。要するに，何らかの文章の形式になっていることが大事である。できれば，大事なものについては，有事にすぐにまとめられるように，PDF などにしておくことが望ましい。

　これには様々な効用がある。1(1)の関係でいえば，指導が形に残るので，その実効性を高めることができる。また，1(2)の関係では，事故が起きた場合にこれまでどのような注意をしていたのか，今回の事故を受けてどのような注意をしたのか，対外的な説明にとって有益である。さらに，1(3)でいえば，このような記録に残る形で指導をしていたのに，違反をした，特に違反を繰り返した場合には，重い懲戒処分の有効性も肯定できることが多い。また，逆に，記録や証拠に残らない形で注意を繰り返していたとしても，それを理由に懲戒や，もっといえば解雇は正当化されにくい。しかし，逐次違反行為やそれに対する指導を形に残して記録しているのであれば，処分の根拠として強力である。

　これはネットトラブル関係以外でも，遅刻，業務の不効率，細かい非違行為，同僚との関係など，あらゆる労働問題でも共通する点である。

　筆者が使用者から労働問題について相談を受ける際にも，よく経験することである。使用者は「先生，この従業員は，前々から，○○とか△△とか，××とか，そういうことを繰り返してきたんですよ。何とか，クビにできないです

か？」と尋ねるが，（日本の解雇規制が非常に厳しいこともあるが）基本的に根拠が不十分であって希望に沿った処理をすることは難しい。このような非違行為を繰り返している従業員に対しても，記録に残る形式で指導を実施していないことが非常に多い。使用者の言い分としては，「根気強く（口頭で）注意していけば，そのうち改善すると思っていた，これまで，ずっと我慢していた」というわけで，使用者も気の毒である。しかし，この「ずっと我慢していた」は，従業員への情けになるというだけでなく，懲戒処分においては使用者にとって不利な事情になる。これは，筆者に限らず，弁護士として労働問題を使用者側から相談を受ける場合，必ず似た経験をしているのではないかと思う。

　文書での注意，警告などの記録は，まさに使用者サイドにとっての「カード」になるので，ぜひ励行するようにしてほしい。弁護士としても，相談に来られた段階でこれらがそろっていれば，いろいろと打つ手を提案することができる。

(2)　書くべき・書かせるべき具体的な内容

　情報やインターネットの取扱い，情報の持ち出し，共有方法，注意点など，そうしたものを注意・指導する場合，使用者側が書くべき内容には，それなりの工夫が必要である。

　次のいずれの点についても注意をする必要がある。

---

① 　短い（A4で1枚以内）こと
② 　記載を省略せずに，主体や客体，行動について明記すること
③ 　従業員はもちろん，第三者が読んでも意味が理解できること

---

　①については，この手の注意喚起文の鉄則であり，長文であるとそもそもしっかり読んでもらえなくなる。また，注意すべきことは，1つひとつはUSBメモリを外に持ち出すな，あるいは，メールアドレスを確認するように

など，非常に簡単なことである。チャットの一発言程度の分量でも伝えるのに
十分であれば，その分量で何ら差し支えない。かえって，経緯や，「常日頃か
ら注意していますが」みたいなことは記載しないほうがよい。簡単に作成でき
れば，頻繁に発出することができるようになり，これは証拠を有事に備えて
作っておくという観点からも有益である。

　②は，ついつい社内向けの文書だとやってしまいがちである。しかし，記載
が省略，特に，主体，客体，目的語の省略がある文書は，書き手にはわかって
いても，読み手がその意味を理解するには負担がかかる。そして，読解に負担
のかかる文書というのは，印象に残りにくいし，読み飛ばされてしまいがちで
ある。具体的には，たとえば「業務用データの持ち出しは禁止です」というの
では，たしかにいわんとするところは，何となくはわかるが，何をどこまで守
るべきか，いまいちはっきりしない。よりわかりやすくするには，「会社で用
意した USB メモリについては，会社外への持ち出しは禁止です」などとする
のがよい。なお，こうすると，それでは個人用の USB メモリに格納すればよ
いのかと，やや誤解を招きかねないので，「会社で用意した USB メモリに，業
務上私用するデータを格納することは禁止です」，あるいはもっとわかりやす
く「会社で用意した USB メモリ以外は，社内のパソコンに接続してはいけま
せん」などとすることも考えられる。

　③は，②とも関係することであるが，社内の特別な用語を説明なしで用いる，
第三者が読んで意味がわからないものは避けるべきということである。具体的
には，「プロジェクト A に関する情報は，部外秘とします」というのではなく，
「プロジェクト A（○○○○年○○月○○日から開始した○○○○に関する業
務）に使用するパソコン並びに USB メモリを含む記録媒体は，同プロジェク
トの担当者以外は利用禁止です」というようにする。これは，わかりやすさの
問題もあるが，これまで述べたとおり，有事の際には裁判所を含む第三者に見
せる場合があるので，そのときの説得力を確保するためである。

　以上の注意は，非違行為があった者に対して再発防止のための報告書や，場
合によっては始末書を提出させる場合も同様である。なお，もちろん，内容に

ついては上記①②③のような細かい指示をして守らせるのは難しいかもしれない。もっとも，このような違反行為の事実や違反者の自認を文書の形で残しておけば，指導の実は上がるし，有事の際への説明材料にもなる。

3 社外起因のトラブルの再発防止

(1)　対策の意味は「加害者対策」

　「社外起因のトラブル」というのは社外の人物が加害者となったトラブルのことである。典型的には誹謗中傷や，デマの流布などである。最近は，企業が著作権を有するコンテンツを P2P やウェブサイト，SNS で無断配布するなどのケースも増えている。

　加害者対策の基本は，社内の従業員の非違行為などの再発防止と同様である。社内において非違行為を放置しておけばそれが繰り返され，あるいは拡大してしまう。同様に，会社が外部の加害者の加害行為の被害に遭う場合，適切に対処しないと，あるいは放置をしてしまうと，好きなだけ攻撃してもよい対象，つまりサンドバッグのようになってしまうことすらある。

　ネットトラブル，誹謗中傷やデマの流布はもちろん著作権侵害であっても，加害者の大部分は，大胆不敵に，明らかに根拠が怪しいデマをおもしろがって，あるいは，多数のアクセスひいては広告収益を目的に行う。著作権侵害でも，たくさんの人にコンテンツを配布して喜んでもらおうなど，被害者からすればとんでもない理由であったりする。

　このように大胆不敵になるのは，たいした問題ではない，大事にはならない，責任追及されることはまずない，あるいは，そもそも責任追及されるとは思っていない，ひどいものになると，違法であるということすら知らなかった，というケースが非常に多い。筆者は，ネットトラブルについて，被害者側のみならず，加害者側の弁護も非常に多数扱っている。先方との交渉や裁判の戦略などを練るにあたって，投稿（行動）の動機を尋ねることにしているが，ほとんど「何となく」であり，「おもしろかった」程度である。また，被害者（企業）

が泣き寝入りをしているため，ノーリスクで加害行為を継続して，それが当然であると思っている傾向もある。このような認識を持たれてしまうことを防ぐには，こちらは，泣き寝入りしていない，適切に調査をするし，責任追及もする，そして，それを実際にすることも大事であるが，行っていることをアピールし，誰でも加害者は責任を追及される可能性があること，自分たちはネット上のサンドバッグではない，ということを周知することにある。

　具体的な責任追及の手段や方法，流れについては，前著においても解説したが，発信者情報開示請求をして加害者を特定した上で，責任追及をすることになる。この点については，「特定電気通信役務提供者の損害賠償責任の制限及び発信者情報の開示に関する法律（プロバイダ責任制限法)」が大幅に改正され，令和4年10月1日から施行されて手続が簡易化された。また，海外法人については，これまで，外国に裁判文書を英訳して送るなど，かなり費用や時間がかかったが，国内で登記を行うように法務省が指導したこともあり，相当数の海外法人が国内で登記をして備えた。これにより，英訳や海外への郵送などの必要がなくなり，さらに責任者の特定が容易になった。

　一方で，見通しが立たなかったり，見通しが外れて失敗した場合は，加害者にその事実，つまりは会社が違法であると主張した投稿について，裁判所がそうではないと判断したということが知られて，さらなる加害行為を招く可能性があるなどのリスクがある。これは前著でも解説したとおりであるが，見通しについては，加害者を許せないという気持ちを抑えて，感情的にならないで，じっくりと弁護士と相談することが重要である。

　加害者への責任追及で被害回復が困難である以上は，再発防止，他の加害者への警告（いわば一罰百戒）の意味を期待して責任追及をすること，これが加害者対策の要点である。

⑵　外部への説明，そして「提案」の必要性とコツ

　情報漏えいなどにおいて社外に説明する内容は基本的にお詫びであり，再発

防止策の報告である。そこは，被害者（潜在的なものや，現在と将来の取引先を含む）宛のものであり，謝罪して納得してもらうことが重要になる。これについては，前著で説明をしたとおりである。

　本項では，会社側が被害者になったケースについて，より掘り下げて外部への説明の必要性とコツについて解説する。

　まず，獲得目標としては，他の加害者が発生することによる再発を防止する，そして関係者への納得感を得る，ということにある。前者はイメージがつきやすいが，要するに，自社に対して誹謗中傷やデマの流布などを行えば法的な責任追及をするということを予告して知らしめるというものである。

　⑴で触れたように，加害者の大部分は，自分が責任追及をされるとは思っていないし，そう思っていないからこそ，ネット上で加害行為を行う。自分が責任追及される可能性を意識してもらえれば，途端に加害行為を行わなくなるものである。そして，会社側が加害者に責任追及をするとき，責任が認められるかどうかという観点でいえば，勝利は基本的に会社側にある。違法行為をした以上は，それを証明できれば，賠償責任が肯定されることが通常であるからである。

　もっとも，このように局所的には（個別のケースでは）「勝つ」といっても，全体として勝つことは不可能である。誹謗中傷の被害者というのは，そのような被害に遭うことについて責任はないとしても，原因があることが通常である。誤解される振る舞いがあったというのはもちろんのこと，単に，事件の当事者と名前（名称）が似ていたなど，そのようなケースでも原因になる。

　そうすると，「こいつは許せない」と思い込んだり，勘違いをしたりする人は１人ではない。誹謗中傷の加害者が１人であるということは非常に稀である。

　つまり，複数の加害者を相手にすることになるが，投稿者を調査することも，個別に賠償責任を追及することも，そう簡単にできることではない。また，個別の賠償金の金額が少ない，実際に加害者が支払可能であるか，という問題もある。そうすると，被害を受けた会社側としては，個別に責任追及を徹底的にするとなると，加害者とは「いたちごっこ」になってしまう。加害者はボタン

一発で加害行為ができる一方で，こちらはそうではない。

　以上で述べたように個別の加害者との裁判では勝利できても，全員に対して責任追及をする，被害回復をすることは現実的ではない。この「いたちごっこ」では，被害者には勝ち目は全くない。

　そこで，法的措置をとったことについて，現在，そして将来の加害者候補に効果的に警告することが重要になる。具体的には，前著でも触れたが，特に，外部からの加害行為への対応に絞ってこれを要約すると次のようにするべきである。

---

① 流布された誹謗中傷，デマについて概括的に特定する。
② ①について法的措置をとったことを述べるが，具体的な手段を記載しない。
③ 弁護士に依頼している場合は，その連絡先を記載する。
④ ③への情報提供や，謝罪の申し入れを受け付ける。

　まず，①についてであるが，なるべく概括的に記載することが何よりも大事である。なぜなら，誹謗中傷の加害者というのは，被害者のことが非常に気になるからである。目の前の人間に暴力を振るった場合は，その人間が怪我をする，倒れるなど，加害の結果をすぐに確認することができる。しかしながら，誹謗中傷においては，そうではない。また，被害者（個人，事業者，法人を問わず）は，被害の実態をあまり明らかにしないので，ますます，加害の結果がわかりにくい。

　加害者としては，被害者に被害を受けてほしいし，かつ，それを知りたがっているものである。そうすると，①について，加害行為，中傷の具体的内容を特定してしまうと，加害者が「やった！　自分の加害行為が功を奏している」と思ってしまうという問題がある。

　そこで，できる限り概括的，抽象的に記載するべきである。たとえば，「ネットにおける弊社の従業員が取引先で窃盗を行ったとの投稿について」という程

度にするべきである。具体的に当事者名，被害品，投稿内容の引用は避けるべきである。

　また，概括的に記載することで，対象を狭く誤解されてしまうことを防ぐことができる。加害者に「これだと自分は関係ない」と思われてしまうと，効果がなくなってしまうので，概括的に記載して自分も関係があると思ってもらうことが大事である。

　次に，②についてであるが，これも①と同様の理由である。また，あまり法的手段を特定すると，手の内を見せてしまうことになる。そして，一度具体的な措置を記載すると，その後に同じくらい詳しく具体的に報告する必要が生じてしまい，予断や誤解を招いてしまうこともある。たとえば，訴えを提起したと公表しておいて結果を公表しないでいると，敗訴したのではないかなどと誤解されてしまうことになる。また，できれば「勝訴した」と報告したいということで，和解で合理的な解決を図るなどの手段が制約されてしまうリスクもある。

　次に，③と④は，これは依頼した弁護士の理解と承諾がもちろん必須であるが，非常に有効な手法である。

　前著でも本書でも繰り返し指摘しているが，ネットトラブル，特に誹謗中傷やデマの流布の被害回復は極めて困難である。加害者を特定するのが困難であり，特定しても被害の立証が困難なので賠償金の相場は低額であり，判決を得ても回収ができなければ絵に描いた餅になってしまう。被害者にとっては三重苦という状況である。

　それでは，被害者がこのように不利であるとすると，一方で加害者が圧倒的に有利か，全然安泰安心な立場かというと，必ずしもそうではない。

　筆者は，加害者（請求を受けた時点では，絶対に違法行為をした加害者というわけではない）の弁護も行っているが，そのほとんどが個人であり，法律トラブルとは無縁だった人々である。それだけに，ネット上の投稿を原因として法的措置の対象となり，あるいは，その可能性を認識（被害者が SNS などで法的措置を予告することは，最近非常に増えている）しただけでも，非常な不

安に陥る。もちろん，法律トラブルに巻き込まれた市民は，多かれ少なかれ不安な気持ちを抱えているものである。しかし，自分が加害者として責任を追及されていると，そもそも弁護士に相談すれば力になってもらえるかという段階から悩み，迷っていることが多い。刑事事件の弁護活動が弁護士の仕事であることは理解されているが，賠償請求という民事事件で責任を追及されている人の弁護も弁護士の仕事であるということは，それほど認知されていないようである。

　徹底的に争えば，ネット上の投稿に対する賠償金は，相当低額に抑えることも可能であるケースが多い。場合によっては，数万円から10万円程度までになることも珍しくない。しかし，だからといって民事訴訟の「被告」の立場にされることは非常なプレッシャーである。加えて，「争う」ためには弁護士費用の他に自分の労力など様々なコストを費やすことになる。被害者からすれば被害を回復できない非常に厄介な問題ではあるが，加害者からしても，大変な問題であることには変わりはないのである。

　筆者の経験上，法的措置を受けた場合はもちろんのこと，自分にその可能性があると認識したとき，典型的には被害者がSNSなどで法的措置を予告したという段階で，加害者が非常な不安を抱えて相談に来ることがしばしばある。不安で半ば冷静な判断力を失っているケースもあり，まずは落ち着いてもらうことに苦労することも珍しくない。

　被害者からすれば，これまで好き放題に投稿をしていた，見えないところから攻撃を繰り返しておいて，いざ自分がその反撃を受けそうになると，急に不安になるというのは，どうにも虫のいい話のように思える。ただし，これは被害者側からは有利に利用できる事情である。非常に不安になっている以上は，話し合いに応じる，こちらの要求を聞き入れる余地が十分にある，ということだからである。

　加害者の不安の原因は，訴えられてどうなるかわからない，紛争そのものを抱えているということと，もう1つは，賠償金と弁護士費用を含めて，その合計の金銭的な負担がどれくらいになるのか，という点である。したがって，こ

れらを同時に解消するような提案をすれば，容易に被害者の要求に応じてくれることが見込まれる。

　具体的には，③④で記載したように，弁護士への連絡先を記載して，弁護士宛に和解（示談）の申し入れをするように，公に発表して促すというものである。すなわち，次の内容で合意をすることを提案する。

Ⅰ　自分の身元と，自分が行った投稿を明らかにして，投稿の事実を認める。
Ⅱ　投稿をした理由について説明する。
Ⅲ　投稿について，二度とやらないことを誓約する。
Ⅳ　投稿について，謝罪をする。
Ⅴ　以上すべてを遵守することを条件として，その他の民事・刑事の責任を当方は一切追及しない。

　Ⅰについては，誰が何をしたのか，それを把握する必要がある。今後の対策の参考にするためである。また，誰であるかわからない，身元を明らかにしないということは，真剣味がないのであるから，遵守が期待できない。したがって，身元を明らかにすることは，当然に要求するべきである。

　Ⅱについて，投稿をした理由についても，同じ理由から，説明をしてもらうべきである。もっとも，たいていのケースでは，加害者は被害者，つまり自社と何らの関係もないことが多い。単に，ネットで目についたから，何となく，たまたま，ということが多い。むしゃくしゃしてやった，ストレスがどうこうなど，そのような理由すらないことが多い。みんなで特定の人，会社を非難して（叩いて），それで一体感や達成感を味わいたいというくらいの動機であることが大部分だからである。そのため，あまりこだわるべきではないが，一応の内容であっても，投稿した理由の説明を求めるべきだろう。

　また，Ⅲについて，繰り返し述べていることであるが，投稿する側とされる側で競争をしても，被害者側に絶対に勝ち目はない。そこで，二度とやらない

という誓約をしてもらうことも大事である。なお，筆者の投稿者側の弁護の経験上，一度でも責任追及され，あるいはそれを予感した場合は，「こんな怖い，不安な思いをするなら，二度と書き込まない」と思う者が大半である。ほとんどのケースでは，あえて誓約させなくても，それこそ「やれといわれても，もうやりません」ということが通常である。

　Ⅳは，Ⅰ，Ⅱ，Ⅲの約束を補強するものである。また，対外的に何らかの発表をするときに，「加害者からは，その責任を認めた上での謝罪を受けました」と主張することができるようになる。これはⅤと関わってくるが，金銭的な賠償を求めないことの一番のリスクは，「謝れば済むのであれば，（安易に投稿しても）大丈夫」と誤解されてしまうことである。もちろん，責任追及の可能性があるというだけで，一般個人には非常な負担なので，そこまで安直に考える者はいないだろう。だが，ひょっとしたらそう思われるかもしれないという可能性は，企業としては，なるべく減らしたい。そのため，このような主張をして加害者が責任を認めたということは，何らかの金銭的な負担を求められたのでは，と想像してもらう余地を設けておくことも大事である。

　その上で，Ⅴにおいて，いわば「呼び水」を記載する。要するに，「素直に名乗り出てちゃんと謝るなら許してあげますよ」ということである。これで名乗り出る人がどれだけ出るかであるが，筆者の経験からいえば，少なくないという印象である。なぜなら，加害者は加害の当時は何とも考えていないが，それだからこそ，実際に責任追及を受ける可能性が生じた場合は，非常な不安を覚えるからである。

　現に，筆者の元には，実際に責任追及を受ける前から，被害者が法的措置の予告をしたから，あるいは，そのような予告がない場合であっても，「ひょっとしたら今後，責任追及されるかもしれない」といった趣旨の相談が相次いでいる。そのため，このような正直な申告と引き換えに責任免除を提案するのは，加害者からすれば，責任追及されることと，金銭他の負担への不安を同時に解消することを実現できるので，極めて魅力的に映るのである。

　なお，Ⅴにおいて，請求をしないと対外的に述べてしまうと，結局同じリス

ク（賠償請求されないから大丈夫と思われてしまうリスク）はあるが，これについては，事案に応じてＶの表現を調整することで対応するべきである。悪質性が高く，とにかく抑止を強くしたい，特に悪質な者については賠償請求も考えているというのであれば，Ｖにおいて，事案によるが，責任追及しないか，軽減するか，あるいは少なくとも刑事責任は追及しない（民事責任つまり賠償請求はする可能性はある）と発表する方法もある。

　さて，深刻な被害が生じることもあるのに，Ｖのような「提案」をするのは，あまりに「甘い」のではないか，納得できない，という意見もあるかもしれない。たしかに，それはそのとおりである。ただし，これまでの説明を思い出していただきたいのだが，どのみち，金銭的な被害回復は困難であり，回収可能性も乏しいことが多いという現実がある。徹底的に責任追及するのも，1つの手段ではある。しかし，相当なコストを費やしても（あるいは，コストを費やせば費やすほど）被害回復は困難になる。また，本当に故意犯的に，明らかに自社に対して強固な加害意思をもって投稿を繰り返している人物の場合，海外の回線を利用するなど，そもそも特定が極めて困難なケースも多い。自社が労力や金銭を費やすと，むしろ加害者の思うつぼであるということになってしまいかねない。

　したがって，説明や誓約など，少なくとも相手の同意が得られれば実現できることを条件にしてしまうことが合理的である。謝罪をする，誓約をする，というのは，裁判所の判決では基本的に得ることのできない内容であり，このように話し合い，合意でこそ実現できる解決である。

　多くの加害者がこのような広報をすることで申し出る，あるいは少なくとも加害行為を止めれば，仮に加害行為を続ける者が残ったとしても，その数はわずかになる。そうすれば，悪影響はほとんどなくなるし，周りの反応が得られないのにたった1人で誹謗中傷を繰り返して投稿することは，ほとんどない（達成感が得られなくなって，やめてしまうことが多い）。

4　加害者との関係

(1)　はじめに

　ネットトラブル，特にネット上の表現トラブルは，「加害者を特定するのが難しい」とよくいわれる。それはたしかであり，この種の問題における最も困難なハードルは，加害者の特定である。したがって，多くの書籍，特に訴訟実務を扱う弁護士向けの書籍が解説するのは，まさにこの点（発信者情報開示請求）の実務に集中している。

　もっとも，企業の法務担当者としては，発信者情報開示請求について代理をすることは稀であり，通常は外部の弁護士に依頼する。また，この点は基本的に技術の問題であるので，前著で解説したように，必要な証拠や材料を提示するという重要な役割はあるものの，基本的には外部の弁護士に主張立証を一任することになる。

　一方で，実際に加害者を特定した後は，役割の重要性は逆転する。どこまで責任を追及するか，金銭の支払を請求するかどうか，どのような文面，トーンで請求をするか，交渉で妥結するか，妥結するとしてもどの程度の要求をするのか，金銭以外の要求はどうするか，これはまさに依頼者側である企業の法務担当者が決めるべき点である。

　多くの場合は代理人弁護士を介しているとはいえ，加害者と実質的に交渉をするのは，会社側つまりは企業の法務担当者ということになる。

　そこで，自社と代理人弁護士と加害者との関係が重要になる。

　発信者情報開示請求で開示が認められ，あるいは，相手方が自ら責任を認めて申し出てきているのであれば，特に大きな問題はなさそうに思える。

　しかしながら，ここが見落としがちな点で，被害者の立場であるからといっ

て，不用意な言動をすると，そのことがさらなる加害の原因になることがある。たとえば，加害者に対して，非常に高圧的，恫喝的な書面で請求をした場合などである。この場合，加害者が，「いかにこちらが悪いとはいっても，これは言いすぎではないか，ここまで言われる謂れはないはずだ」ということで，請求の書面をインターネットにアップロードすることがある。それを見た者（たいていは，自社に敵対的であり，中には，誹謗中傷に加担している者も含まれる）から，「一般市民にこんな書面を送る会社は悪徳だ！　許せない！　人の弱みにつけ込んでいる！」という批判を浴びることになる。これは全く珍しいことではない。過去にも，発信者情報開示請求で特定された人物に対し，「強い」表現の内容証明郵便を送付したところ，それがインターネットにアップロードされて，請求者と代理人弁護士に非難が集中したことがある。いわば，弁護士と依頼者が共同で炎上してしまった，ということである（筆者は「共炎」と呼んでいる）。

　そのようなケースを受けて，最近は，発信者情報開示請求からの賠償請求においては，内容証明郵便に，この書面をネットにアップロードしないように，それは著作権侵害であるということを記載することが多い。ただし，そのような記載をしても，物理的にアップロードを防げるわけではない。また，内容証明郵便について著作物性が認められるかは，微妙な問題である。筆者が担当した案件の中にも，弁護士作成の法的構成や主張を含む3頁程度の専門的な請求書について，著作物性を否定したという例がある。

　もちろん，紛争の存在はプライバシーであるので，このようなアップロード行為が違法とされる可能性は十分にある。もっとも，適宜マスキングをして，弁護士名と法人名は明らかにするといったケースだと，会社の法的措置という社会の正当な関心事に関する論評ということで，違法性は認められにくいであろう。

　以上，要するに，発信者情報開示請求などで違法性が認められた，あるいは，加害者が謝罪して示談をする意向を示している段階でさえ，自社が被害者であるからといって，不用意な言動は厳に慎むべきである。

　誹謗中傷の案件であれば，加害者は自社にとって有害な情報を流布していた人物である。また，著作権侵害や情報漏えいなどのケースでも，発信力がある人物であることには変わりがない。最後まで油断しないで対応する必要がある。

　加害者との関係とは，基本的にトラブルの予防ではなく事後対応であるが，この事後対応は，同時に，その後の「予防」にとっても重要である。なぜなら，対応を誤って新しい加害行為が発生することを予防するためであり，あるいは，法的措置を通じて第三者に警告する（いわゆる一罰百戒としての効果），という意味合いもあるからである。

　したがって，以下では，本書のテーマである予防の視点から事後対応，加害者対応について解説する。

(2) 加害者が協力的な場合

　加害者が協力的な場合は，交渉して合意により解決を目指すことになる。

　なお，発信者情報開示請求を経由して加害者を特定した場合，一応は投稿について違法であるとの司法的判断が下されていることになる。そのため，加害者は自分の責任を認めて，協力的なケースが大部分である。

　通常，加害者との交渉においては外部の弁護士に依頼することも多いであろうが，企業の法務担当者が直接交渉することも珍しくない（筆者の経験上も，かなり大きな会社でも，賠償交渉は弁護士に依頼しないケースが少なくない）。また，仮に弁護士に依頼する場合でも，(1)で述べたように内容証明郵便1通でもリスクが生じるのがこの種の案件の特徴である。そのため，企業の方針や考え方について擦り合わせておくことは有益である。

　さて，加害者が協力的であり，ある程度の条件を受け入れそうな場合，可能であれば，被害回復は難しくても対応コストを回収するために，ある程度の賠償金を得たいところである。もっとも，金銭請求となると，やはり(1)で述べたようなリスクが生じる。そもそも，被害回復の見通しが立たないのに，あえてこのようなリスクを冒す必要があるかというと疑問である。

　したがって，3(2)で解説したように，非金銭的な請求を中心に考えるべきである。協力的であれば，非金銭的な請求をいくつか増やしてもよい。具体的には，謝罪文を作成してもらう，動機や理由について詳細な説明を求めるなどである。その他，本人の個人情報を伏せて謝罪の言葉を会社のウェブサイトに掲載する許可を得るという方法もある。加害者を強く非難している，さらし者にしているなどとの誤解を招かないようにする必要はあるが，さらなる加害行為への抑止力は非常に強い。

　また，法的な措置をとったというだけで，抑止力は相当なものである。筆者の経験上も，複数人が特定企業を匿名掲示板上で中傷していた案件で，「弁護士から書面が届いた」と同掲示板に投稿があった瞬間，すべての投稿が嘘みたいに消えたということがあった。こうした経験は，同種案件を扱う弁護士であれば，必ず経験していることであるといってよい。さらには，実際に法的措置を行い，その結果を，加害者として責任をとらされることになった人のコメントとともに掲載すれば，抑止効果は非常に高い。もっとも，加害者だからといってあまりにも弱いものいじめだと勘違いされないように，表現の程度は，加害行為とのバランスをとることに留意されたい。

　加害者が協力的なケースでは，特に，金銭的な面で自社が譲歩すれば，ほとんどの要求が通ることが通常である。金銭的な譲歩といったが，たとえば違約金の定めについても，自社の要求を拒否されることはほとんどない。

　金銭的請求は，これまで繰り返し述べているとおりハイリスクローリターンであることはしばしばである。特に被害者が企業の場合はその傾向が顕著である。ぜひ，協力的な加害者に対しては，以上のようないろいろな条件を検討されたい。

(3)　加害者が非協力的な場合：対応法の要点

　加害者が非協力的なケースもある。これは(2)で述べたように，協力的なケースに比べれば少ないが，連絡をしても無視する，あるいは反論をする，さらに

はそれ（自社からの連絡内容）をインターネットにアップロードするなど，そのような振る舞いをするケースは増えている。

　特に最近は，加害者らも相互にインターネットにおいて情報交換をしており，被害者が1名（1社）の場合，同人がどのような方針で対処しているかなどは，加害者間で情報共有が自然に行われていることが多い。

　また，インターネット上のトラブル，特に表現トラブルが一般的，有名になるにつれ，加害者側の弁護を引き受ける弁護士も増えている。実は筆者は，8年以上前から加害者側の弁護も積極的に引き受けていたのだが，当時は，筆者以外に引き受ける弁護士がいなかったと相談者から聞いたこともしばしばある。しかし最近は，情報が充実して理論武装するだけではなく，加害者が代理人弁護士を立ててくるケースもあるので，加害者を特定したからといって全く油断はできない。

　さて，このようなケースであるが，まず，大前提として，非協力的であっても，金銭的譲歩をすれば応じてくれる可能性が高いということである。

　筆者の経験上でも，ネット上では，非常に威勢のよい，そして攻撃的な言動をしていても，実際は，どの程度の責任が自分の負担とされるのか，その点に戦々恐々としていることがほとんどである。逆にいえば，自社が金銭的な譲歩をしても，謝罪や今後の投稿禁止の誓約などに応じないということになる，それは，確固たる意思をもって，自社を攻撃する意向であると判断するべきである。応じないのであれば，ある程度期限を切って，法的措置，つまりは損害賠償請求訴訟を行うことを検討せざるを得ない。

(4)　加害者が非協力的な場合：民事訴訟の考慮点 〜紛争予防を見据えて

　民事訴訟となると，外部の弁護士に代理を依頼するしかなくなるが，これまで本書のすべてのトピックで述べてきたとおり，企業の法務担当者としても，流れや利害得失などについてよく知っておくことが絶対に重要である。さもな

いと，この種の案件は，思うようにいかない。

　裁判の留意点であるが，概ね，次のような各項目について注意をするべきである。①～⑥は，提訴をそれでも決断するかどうかという問題であり，⑦～⑩以降は提訴後，特に⑪・⑫は，事件終了後の留意点である。

---

①　管轄はどこになるのか。自社の近くで裁判することは原則として可能である。

②　相手方の現在までの言動はどんなものか。こちらの法的措置を公にするリスクがあるか。

③　相手方に協力者がいるか。集団で誹謗中傷をしている場合，「仲間」がいることが多く，その場合，仲間からの妨害の可能性にも留意をするべきである。

④　いくら程度の賠償請求をするのか。金銭的な点については結局我慢をしなければならない，ということ。

⑤　自社に裁判上の和解に応じる意思があるのか。

⑥　証拠として提出ができるものはどの範囲か。

⑦　提訴後の相手方の言動はどのようなものか。

⑧　自社への誹謗中傷は続いているか。続いているのであれば，法的措置の告知もしておくべきである。

⑨　裁判上の和解案の検討，「金銭」は譲歩する方法の採否の検討。

⑩　判決のリスク。

⑪　強制執行のリスクと抑止効果。

⑫　結果についてどこまで告知するべきか。事件番号の問題。

　通常の法的紛争，裁判のリスクと共通する点も多いが，ネット上の表現トラブル，特に誹謗中傷の被害者としては，特別な留意点が今後のトラブルの再発防止の観点から多数存在する。

①　管轄はどこになるのか

　まず，裁判を行う場所についてであるが，自社の最寄りの地方裁判所で行う

ことができると考えて差し支えない。

　第1審つまり最初の裁判については，簡易裁判所と地方裁判所の2つがあるが，140万円を超えるものについては，地方裁判所が管轄するとされている（裁判所法33条1項1号，24条1号）。

　また，どこの裁判所でやるかについては，これを土地管轄の問題という。これは専門的な話であるが重要なので，以下，条文を引用しながら解説する。民事訴訟法は，次のように定める。

民事訴訟法4条1項
訴えは，被告の普通裁判籍の所在地を管轄する裁判所の管轄に属する。

　また，この普通裁判籍については，同2項が「人の普通裁判籍は，住所により，日本国内に住所がないとき又は住所が知れないときは居所により，日本国内に居所がないとき又は居所が知れないときは最後の住所により定まる。」と定めている。被告というのは相手方，加害者であるので，加害者の普通裁判籍，つまりは住所地を管轄する裁判所（ほとんどの場合，最寄りの裁判所になる）が管轄することになる。もっとも，管轄については例外規定が複数あり，その場合は，別の裁判所に提訴することも可能である。

　民事訴訟法5条9号は「不法行為に関する訴え」は「不法行為があった地（同号）」を管轄する裁判所にも訴えを提起できると定めている。具体的には，千葉に居住する者が車で東京に行ったところ，同じく埼玉から東京に出勤に来ていた者を車で轢いてしまった事案において，東京地方裁判所で裁判ができるということになる。このような定めがあるのは，事件事故の場合は，その発生地に証拠があるので，その最寄りの裁判所で裁判ができれば便利だからという理由である。

　ところで，この「不法行為があった地」とは，実際に不法行為をした場所，つまりは，投稿をした場所ということになるので，加害者の自宅など端末を操

作した場所だけになりそうだが，被害が発生した地も含まれる。そうすると，被害者がいる場所でも被害が発生しているので，自社の最寄りの裁判所で訴えが提起できるということになる。

　なお，筆者の経験上，発信者情報開示請求については，被告であるプロバイダが東京に集中しているので，ほとんどの事案が東京地方裁判所の管轄となるため，依頼者の住所にかかわらず，東京の弁護士が担当することが多い。そのため，東京に所在していない当事者同士の裁判についても，双方東京の弁護士が代理して担当することが少なくない。一番極端なケースだと，札幌市に所在している者と那覇市に所在している者との紛争を担当したこともある。

②　相手方の現在までの言動はどんなものか

　次に，TwitterなどのSNSの場合，責任追及（発信者情報開示請求）をされている投稿については削除されていても，アカウントそのものは残っているケースがある。

　大部分は，アカウントを削除するか，非表示にしていることも多いが，中には残してあるケースもある。そして，そのようなケース，その中でも，責任追及を受けていることについて発信をしているケースは，要注意である。このようなケースは，特に被害者が会社など法人の場合に多いのであるが，加害者は自分が正当な告発者だと考えていることもある。そのようなケースでは，自社が責任追及をしようとすると，それは不当な「言論弾圧」であると主張して，さらに誹謗中傷などを繰り返すリスクもある。

　このようなリスクについては，積極的に発信するからといって，それだけで法的措置を断念する必要はない。むしろ，交渉次第で今後言及を禁止するなど，そのような合意を得ることができれば，さらなる被害を防止することもできる。

　ただし，責任追及をしようとしている投稿については，配慮が必要である。繰り返し述べているが，発信者情報開示請求の成否は，相手方に結果が伝わってしまう。ここで失敗すると，問題の投稿の違法性が明白であるとは認められなかったということになる。そうすると，本来適法であるはずの投稿について

責任追及をしたということで，格好の攻撃材料にされてしまう。

　このようなケースでは，ほぼ違法性が認められることが明白である，特にひどい投稿に限って，慎重を期して対象を選ぶべきである。

　一方で，匿名掲示板のように，同一人物が複数回投稿する場合でもいずれも匿名であって，ある投稿をした人物が，他にどのような投稿をしているのかがわからないというケースもある。このようなケースでは，さほど自分の正当性に自信がないという加害者が多い。筆者の投稿者弁護の経験上も，SNS でアカウントを開設しているケースでは，相当の確信があるケースが少なくないが，匿名掲示板においては，そうではない。告発をしたいなど，そのような意思はなく，むしろ，他の「加害者仲間」と仲良く一体感を抱いているにすぎないということが多い。このように楽しむのが目的ということであれば，自分が責任追及の対象になるということを感じれば，たいていの場合は，驚いて加害行為を止めてしまう。

③　相手方に協力者がいるか

　これも②と同様，相手方が，こちらの責任追及に対して攻撃的になるなど，そのような可能性の問題である。

　ただし，この仲間というのは，（加害者から見て）頼りなく，実際に責任追及を受けると結局逃げ出してしまう。助けてくれる加害者仲間もそうそういない，というのが現実である。もっとも，それでも，同じような誹謗中傷をしていた者同士が手を組んで，情報交換をするという可能性は十分あり，自社としては，加害者が多い場合には，その前提で行動するべきである。

　具体的には，自社が1人の加害者に対して述べた内容については，他にも筒抜けになっているとみてよい。したがって，たとえ守秘条項を定めたとしても，和解成立「後」は秘密であっても，交渉中は秘密ではなく，足下を見られる可能性もある。より詳細には，金銭請求を行う場合に，その金額について他の加害者に伝わる可能性に留意して交渉するべきということになる。加害者がどれくらい財産を持っているか，親族などから援助を受けられるかによって，賠償

金を調整することはよくあることである。法的には，加害者の財産の多寡は，賠償金に影響を与えるものではない。100万円の壺を割られた場合の損害は100万円である。財産のない若者が，その壺を割ったとしても，あるいは，大富豪がその壺を割ったとしても，そこで生じる損害は全く同じである。割った人によって，その壺の価格が上下するということではない。ただし，実際問題として，お金のない人からはとれないし，仮にあったとしても，自営業者などであると，財産の把握や差押えの実行は困難である。そのため，そのような事情で金額を譲歩することは，実務上よくあることである。なお，同じような投稿をした1人については金額で大幅に譲歩した一方で，もう1人については，支払能力と意思があるので自社の希望どおりの金額にしたという場合は問題が生じ得る。加害者からみると，不公平な取扱いに見え，それがまた誹謗中傷の原因になることもあり得る。また，金額について他の人について譲歩したのであれば，同じく自分も譲歩してほしいというようなことをいわれる可能性がある。

　検討要素としては，金銭請求を考えている場合は，複数人が加害者で，かつ，情報交換の余地がある場合には，一律の請求をせざるを得ないこと，交渉が成立しにくいので，賠償請求についても提訴まで覚悟する必要があることは，留意するべきである。一方で，金銭請求を断念し，謝罪や誓約書といったものを求める場合は，金額で足下をみられる，情報共有されて妨害されることはほとんど想定できない。

　したがって，複数名の加害者が想定される場合には，金銭請求の断念か，さもなくば，賠償請求の裁判まで見据える必要があるということになる。

④　いくら程度の賠償請求をするのか

　次に，いくら程度の賠償請求をするのかである。基本的には内容証明郵便などで賠償金を請求し，それに応じないのであれば（通常，これだけで全額払ってくるケースはほとんどない），訴訟を提起するということになるが，いずれも金額を明示する必要がある。

　基本的には，加害者を特定するのにかかった調査費用と投稿による損害を請

求するということになる。なお，加害者を特定するために費やした弁護士費用，つまり調査費用についてであるが，これについては賠償金として認める見解と認めない見解とで，裁判所の判断が分かれている。確実に認められるものではないが，請求しないともちろん100％認められないので，とにかく請求をしておくべきである。

　問題は投稿による損害であるが，これはどんぶり勘定で請求をせざるを得ない。詳細な主張立証は困難であり，仮にしたところで因果関係があるとはいえない。なお，この「どんぶり勘定」の相場は，100万円〜300万円程度である。筆者の経験上，ほとんどの請求はこの範囲内に収まっている。

　しかしながら，ネット上の投稿被害で100万円以上の実損が認められるケースは稀である。企業活動に影響が出たという点を重視しても，100万円程度を上限に考えておくとよいと思われる。なぜなら，あまり高額に設定すると，それ自体がまた非難の原因になるからである。また，仮に裁判所の判決までいって，認められた金額と隔たりが大きいと過大な請求をしたということで，これまた非難の対象になるからである。

　一方で，控えめに請求したところで，100万円＋調査費用10万円〜70万円程度であり，100万円台半ばあたりになるわけで，抑止力として不足はない。これに関連して，判決の言い渡しの結論部分，これを主文というが，これについて少し説明を加えておきたい。

1　被告は，原告に対し，金110万円ならびに令和5年3月1日から支払済みまで年3分の割合による金員を支払え。
2　原告のその余の請求を棄却する。
3　訴訟費用はこれを3分し，うち2を原告の，その余を被告の負担とする。
4　この判決は，第1項に限り，仮に執行することができる。

　1と2は結論部分であり，投稿など不法行為については年3％の利息がつく

ので，そのような記載がある（なお，11の倍数であるが，慣例上，不法行為は認められた損害の1割を弁護士費用名目〔実際の弁護士費用ではない！〕で認められるので，このような数字になる）。4は仮執行宣言という。強制執行は，判決が確定した後でないと行うことができない。控訴（一般に地方裁判所の判決が不服であるとして控訴審である高等裁判所に審理の続行を求めること）がなされると判決の確定が遅れることになるので，それまでの間でも強制執行ができると宣言してもらうというものである。金銭など取り返しのつく請求については，基本的に認められている。

　ネットトラブル，特に誹謗中傷案件で問題なのは，3の部分である。訴訟費用は，裁判所に納める印紙や切手代のことである（弁護士費用とは別の概念である）。そして，これは敗訴の割合で定められる。この例でいうと，原告は3分の2を負担し，被告は3分の1なので，原告は3分の1，被告は3分の2勝訴したということである。この勝訴敗訴の割合というのは，金銭を請求するケースでは，請求金額と認められた金額の割合で計算される。このケースでは，原告は3分の1勝訴なので，3分の1の支払が認められたということになる（そのため，330万円が請求金額であったと逆算できる）。

　判決が公にされた場合，これが問題となる。つまり，実務上，明確な相場がない損害賠償請求ではある程度どんぶり勘定で請求額を決めざるを得ない。そして，それは高めに設定せざるを得ない。なぜなら，法律上，裁判では請求した金額以上の判決を得ることはできないことになっているからである。たとえば，損害賠償金として100万円を請求したが，裁判所は実は150万円だと算定しても，判決では100万円となる。また，そのことは，判決文中に現れることもある。そうすると，弁護士が慎重に低めの金額を請求して，その結果，判決ではもっと請求すればもっと取れたはずとなると弁護過誤となってしまう。請求金額を増やすことの負担というのは，基本的に訴状に貼るわずかな印紙代だけである。

　ただし，この法律事務の常識が，ネットトラブルにおいては仇となることも多い。一般的な感覚でいうと，裁判で請求する金額は，請求者つまり原告が

100％自分の立場からは確信をもって正当性があると信じる金額である。だから請求しているのだという認識が根強い。実際，筆者が投稿者（被告）から相談を受けるケースでも，「こんな大金を請求されている。そんなにまずいことを書いてしまったのだろうか」と，相手の請求額に引きずられた認識を持っていることがしばしばある。

　以上のとおり，ネットトラブルの賠償請求においては，請求額のごく一部，1割2割ぐらいしか認められない。それは，訴訟費用の負担割合が原告9割，被告1割という主文の表示から明らかである，ということになる。

　したがって，それを見た一般市民は，「この会社は被害者だといっているけれども，実際に認められる金額の10倍もの請求をしていて過大請求だ！」あるいは「訴訟費用は9割が原告負担なのだから，実質的には被告（投稿者）の勝利だ」などという言説が横行してしまうことになる。

　最近は，インターネットでも以上のような事情，法律情報は手に入るし，少なくとも，賠償金が1円でも認められれば，違法性を裁判所が認めたのだから，以上のような言いがかりがつくことはさほど多くない。しかし，裁判，特に損害賠償請求の実務から，このような言いがかりをつけられる，実損（裁判で認められる金額）が露見してしまうというリスクは常に考える必要がある。

　全く同じような投稿（デマ）がたくさんある場合は，「なんだ，この投稿しても5万円の賠償金か。だったら，これ以上請求してこないし，自分は気にせず投稿しよう」などと思われるリスクすらある。

　したがって，認められる金額が安くなるというだけではなく，そのせいで別の中傷被害に遭ってしまう，また，こちらの実損が露見してしまう，これらのリスクを受け容れられるか否かを提訴前に検討するべきである。

⑤　自社に裁判上の和解に応じる意思があるのか

　次に，和解についても前もって考えておく必要がある。裁判中に方針変更はできるとしても，ぜひ選択肢の1つとして和解を積極的に検討しておいていただきたい。

　まず，裁判上の和解について簡単に解説する。これは，裁判中に裁判所の関与で和解で事件を解決するというものである。和解というのは，双方が譲歩して，事件を解決する合意をいう。

　和解というと仲直りというイメージがある。しかし，法律上の和解というのは，「手打ち」に近いものである。むしろ，仲直りできないからこそ，和解ということでこの争いはやめる，というほうが実態に近い。法的には，仲直りという意味はなく，互譲つまりお互いが譲り合って，合意をし，争いをやめる，ということになる。100万円請求していたが，50万円の一括支払と30万円の分割支払で妥協するなどである。

　ここで，自社が被害者なのに譲歩の余地があるのか，と考えるかもしれない。しかし，繰り返し述べてきたようにそもそも賠償金相場が低廉であること，差押えなどの強制執行は容易ではないこと，そもそも原資を持っていない人から回収はできないことに鑑みれば，譲歩する価値は十分にある。

　勘違いしないでほしいのは，和解における譲歩とは，相手方のためにするものではない，自社が余計なエネルギーをこの事件で無駄に費やさないためにするものであるということである。

　また，和解のメリットは，任意に支払ってもらえて回収リスクを回避することができるということだけではなく，判決で求めていない，求めることが通常は極めて難しいか，あるいは不可能な内容についても合意ができるという点である。そのため，たとえば，金額については譲歩をする代わりに謝罪文を提出してもらう，二度とやらないと誓約してもらう，個人情報は別として本件は謝罪してもらって終結した，あるいは，違反がある場合に違約金を設定するなど，いろいろなことが可能である。判決によってかえって炎上などの被害拡大が生じかねないのは，④で指摘したとおりであるが，和解により，守秘条項や他の義務（謝罪等）を付加することで，そのリスクを避けることができる。

　つまり，和解というのは手打ちであり，むしろ，裁判上の自社の有利さを強調して，判決では認められない内容についても事実上強制できるため，むしろ被害者にとって有利なことのほうが多い。企業の法務担当者としては，会社代

表その他の上長の被害者意識が強く，弁護士共々説得に苦慮することもあるかもしれない。ただし，以上のようなメリットや，むしろ，積極的に「勝ち」をとりにいく戦略であると話せば，納得が得られよう。

⑥ 証拠として提出ができるものはどの範囲か

次に，証拠提出の可否の問題がある。これは，インターネットの普及だけではなく，紛争，トラブルの類いが積極的に発信される昨今特有の問題である。

裁判は公開されるのが原則である。もっとも，民事裁判では，非公開の弁論準備手続もあるし，公開法廷でも，書面の内容をいちいち読み上げず，事前に提出したものを確認する程度である。したがって，現実問題として，裁判の内容が自動的に公になるようにはなっていない。ただし，訴えた相手方被告は，もちろん当事者なので，自社が堤出した書類を全部見ることができる（「直送」といって，裁判所に提出する書類は，相手方にも同じものを送ることになっている）。

そこで，問題になるのが，従業員のプライバシーや営業秘密等の問題である。たとえば，飲食店を経営する企業が虚偽のクチコミ（客に腐ったものを出した等）を掲載されて，それが原因で従業員が嫌がらせを受けた，あるいは暴力を受けて，事業に支障が出たとする。損害の証明のために，従業員の負傷の程度や，フルネーム等のプライバシーが記載された診断書を提出すると，それが相手方にも知られることになる。また，営業損害の証明のために，売上の推移や経費などを提出する必要も生じる。そうすると，そのような営業上の秘密も相手方に知られてしまうことになる。もちろん，これらを裁判対応の目的以外に利用して自社に損害を与えるのであれば，それは不法行為となる。しかし，そもそもの問題として，インターネットを利用して，誹謗中傷などを投稿して自社に損害を与えようとする相手方に，以上のような自社の秘密を知らせること自体がリスクである。

秘密やセンシティブな情報を一番教えたくない誹謗中傷の加害者に，いろいろなことを知られてしまうということ，それを意識して証拠を選定する必要が

ある。場合によっては，自社の証明が制限されてしまうことになる。

　また，誹謗中傷の加害者が1名だけであるということは珍しい。通常は，加害者全員に責任追及をすることは現実的ではないため，そのうち一部に対してだけ裁判で責任追及していることが通常である。そのため，第三者に裁判の内容が知られるというリスクも考慮する必要がある。

　裁判記録，すなわち原告被告双方が提出した書面の一切は，裁判記録として綴られ，申請すれば誰でも閲覧が可能なのが原則である（民事訴訟法91条1項「何人も，裁判所書記官に対し，訴訟記録の閲覧を請求することができる。」）。その中には，裁判所書記官が作成した期日調書（裁判の期日で何が行われたか）はもちろんのこと，双方が提出した証拠等の書類が，原則としてすべて含まれている。そのため，第三者（他の加害者）が閲覧して，それをさらに誹謗中傷の材料にする，事業上の秘密を投稿されるなど，そのようなリスクも考慮する必要がある。

　したがって，第三者に絶対に見られるわけにはいかないようなものについては，証拠提出をすることができない。訴訟上の必要性と，相手方や第三者が目にした場合のリスクを天秤にかけて判断する必要がある。

　かつて，裁判記録を閲覧するのは，関連事件の当事者や，報道機関のみであることが通常であった。一般人が裁判記録を閲覧する，あるいは，それをネットに投稿するというのは，最近出てきた新しい問題である。外部の弁護士に依頼をしている場合，こうした特有のリスクについて必ずしも配慮してくれないこともあるので，会社側でリードをする必要がある。

⑦　提訴後の相手方の言動はどのようなものか

　裁判で訴えられるということは，一生に一度あるかどうかという大事件である。

　裁判で訴えられた場合，裁判所から直接訴状のコピーが送られ，また，同封されている書類には，いつどこに出頭するように，何もしないで欠席すると，原告（つまり自社）の言い分どおりの判決が出て，財産などが差し押さえられ

ることもあること等，物々しい注意書きも記載されている。

　筆者の投稿者側の弁護の経験からいうと，そもそも発信者情報開示請求を受けて意見照会書を受け取っただけで，人は非常に狼狽するものである。法的請求を受けるということ自体の衝撃もさることながら，この種のネット上で加害行為をする者は，まさか自分に責任追及がなされるとは思っていない。また，何かされる前に十分な警告があるはずであると思っているものである。余談であるが，ネット上の投稿が原因で責任追及されると，少なくない投稿者が，「いきなり訴えてくる，責任追及をしてくるのはおかしい。言論で反論するべきである。また，言ってもらえれば，修正や削除にも応じたのに」と述べる。もちろん，このような反論（対抗言論といわれる）で対抗することが適切なケースも少なくない。特に企業が被害者の場合がそうである。もっとも，これらはたとえるなら，殴りかかっておいて，殴り返され，または警察を呼ばれたら，「まずは，いきなり反撃をするのではなくて『やめろ』と言うべきではないか」というような言い分であり，ただのわがままであって，あまり気にするべきものではない。

　さて，裁判の提訴から審理が始まるまでの順番は次のとおりである。まず，自社が訴状や証拠のコピー等を作成し，その副本（被告相手方のための写し）も用意し，資格証明書（会社の登記簿謄本の一種であり，代表者について証明するものである），委任状，印紙や郵便切手を添付して，裁判所の窓口に提出する。その後，裁判所からみて不明瞭な点等があれば，補足訂正を求められることがある。それが終わり，あるいは問題がないようであれば，最初に開く裁判期日について裁判所から調整の電話がなされる。調整を終えると，最初の期日が印刷された呼出状とともに，副本が被告に送られるということになる。

　つまり，提訴をされたことを相手方が知るのは，訴状等を裁判所に提出した後，以上のチェックや期日調整が終わって，相手方に訴状が送達されるというタイミングである。裁判所の事務の繁忙次第でもあるのではっきりとはいえないが，送達まで1〜2週間程度（つまり，このタイミングで相手方は提訴されたことを知る），送達を受けた後1カ月ほどの日程で第1回期日が設定される

ように調整されることが多い。なお，以上の手続については，弁護士に依頼するのであれば，いずれも弁護士が行う。自社としては，委任状の書式を弁護士からもらって，それに記名押印するだけである（他の書類の作成や資格証明書の取得は弁護士の仕事である）。

　通常であれば，提訴前に自社から書面を送るなどしているだろうから，その時点で相手方は SNS であればアカウントを削除するなどしていることが多い。しかし，中には削除はしない，それどころか投稿を続けるケースもある。概ね，相手方の行動パターンは次のとおり分類できる。

A　最初の請求を受けた段階からアカウントを削除する。

B　提訴された段階でアカウントを削除する。

C　問題の投稿は削除するが，アカウントそのものは削除せずに，そのまま様子を見る。

D　問題の投稿は削除するが，アカウントそのものは削除しないで，かつ，問題になった投稿とは別の内容，テーマについて投稿を続ける。

E　何らの対応もしないで，従前どおりに投稿を続ける。

F　請求を受けた，提訴されたことを投稿して反論する。

　AとBについては，特に留意点はない。CとDについては，和解において工夫（再投稿の禁止）が必要である。EとF，特にFは注意が必要であり，訴状や準備書面上で，指摘が必要である。以下，それぞれ詳しく述べる。

　まず，Aが一番多いパターンである。とにかく，本書でたびたび述べているように，ネット上の加害者というのは，法的な責任を追及されることを，予想もしていないことが多い。その場合の狼狽は非常に大きいものがあり，普通は，驚いて削除することが通常である。もちろん，削除したところで，過去にやった行為の責任は免れない。ただし，これ以上責任が拡大することは防げるし，自社にとっては，被害拡大を防げる，しかも，少なくとも，この当事者に

ついては二度と行わない，ということで抑止にはなる。

　Bについて，最近は，ネット上でいろいろな情報が出回っているが，そのうち1つが，裁判で結論が出るまで，法的な評価，結論は定まらないという話である。もちろん，これは誤りである。たとえば，コンビニで買い物をした場合，裁判の判決を待つまでもなく，購入者は買主として代金を支払う義務を，コンビニは，売主として品物を引き渡す義務が生じる。もっとも，「裁判までは大丈夫」というような誤解が横行していることは事実である。そのため，裁判になるまで動かない，裁判になってから慌てて，というパターンも少なからず存在する。

　Cも，AとBほどではないが，それなりにあるパターンである。これは，これまで長くそのSNSを利用してきた，投稿のテーマで注目を集めてきたので，ネット上の表現の場から退場はしたくないが，問題の投稿の件があったので，その部分だけは取り下げる，というものである。

　Cについては，問題の投稿の件は引き下がるが，しばらくすると今後似たようなテーマの投稿をすることが多い。

　裁判で認められた賠償金が僅少である場合や，自社の主張に問題がある（過大請求や，恫喝的な表現）と，それを材料にまた攻撃をする可能性がある。Dも類似であるが，Dのほうがより，自社に敵意が強く，また同様の行為に及びやすい。

　CやDのケースでは，金銭面で大幅に譲歩をしても，再投稿の禁止などの和解条項を提案するべきである。裁判所としても，紛争の再発防止という観点からの和解条項の作成には，協力的なことが大部分である。

　EとFも，C，Dに類似するが，非常に自社にとって攻撃的であり，さらに慎重な対応が必要である。具体的には，書面において隙をみせない，証明できないことなどについては慎重に主張の可否を検討する，そもそも，自社の提出した書面については，全部ネットにアップロードされる前提で作成する，そのような行為が確認できた場合は，不法行為になり得ると警告するというものである。

⑧　自社への誹謗中傷は続いているか

　これも⑦とやや類似しているが，⑦は相手方被告の振る舞いの問題であるのに対して，これは，それ以外の加害者，第三者の問題である。

　せっかくリスクの非常に高い，コストのかかる訴訟を提起したのであるから，こうした者らへの対応については，その事実を十分に活用するべきである。具体的には，提訴したこと，法的責任を追及していることを対外的に公にするべきである。これも繰り返しになるが，非常に効果的である。加害者は，自分が責任追及されるという事態を全く想定していないからである。そのため，こうした広報がされると，次はわが身と警戒して，基本的には加害行為を止める。

　公にする内容であるが，概括的に，○○地方裁判所に訴状を提出して訴えを提起したという程度でよい。あまり詳細に投稿すると，加害者に情報を与えることになるし，余計な空想をされて，それが別の加害行為に結びつくこともあるからである。通常は，これで誹謗中傷はピッタリと止まる。この効果の大きさは，同種案件を扱う弁護士の間では，共通認識である。あれだけ威勢よく攻撃をしていた者たちが，まるで蜘蛛の子を散らすように，一斉に逃げ出して，その後は，誹謗中傷などは投稿されなくなる。まさに一罰百戒といえる。

　もっとも，それでも投稿を続ける人物が残る可能性がある。このあたりは，非常に判断が難しいところであるが，投稿の文面が支離滅裂，想像を前提にしている場合は，正常な判断力を失っている加害者である可能性が高い。そのような場合は，法的措置をとっても犯罪行為を含む加害行為を繰り返すことが多い。したがって，たとえば，投稿内容で殺害を予告するなど，脅迫に該当する投稿があるかを確認しつつ，それを見つけたら，捜査当局に連絡をすることが適切である。なお，筆者も詳しくはないが，海外 SNS は捜査機関と一種の協定があり，脅迫など犯罪につながる予兆，そのような投稿については，情報の提供を行っているようである。

　一方で，文面に一定の理論性があるものについては，何らかの理由（といっても，元従業員などの納得可能な理由があることは稀であり，他の人物の誹謗中傷に影響を受けただけであることが多い）があるケースが多い。こうした

ケースは，特に注意が必要である。自社の落ち度などを細かく指摘して，炎上に持ち込もうという意思が非常に強いからである。この場合，加害者に対してただちに法的措置はとらず，その後の反応などを定期的に観察しつつ，犯罪予告などのピンポイントで捜査機関の助力が得られそうな投稿があれば，それについて捜査機関と相談をすることが適切である。こうした理性的に行動する加害者であっても，被害者である自社の反応がない状態において我慢が難しい。筆者の経験からいっても，最初は，なるべく法的に当たり障りのない投稿をしつつも，それについて反応，成果がないと，我慢ができずに脅迫や事実無根の投稿などをし始めることが多い。

⑨　裁判上の和解案の検討，「金銭」は譲歩する方法の採否の検討

この種の事案では，和解の余地があることが被害者側，特に企業にとっては重要である。繰り返しになるが，賠償金が損害回復，弁護士費用に満たない以上は，金銭では代替不可能なもので，被害回復と今後の抑止が重要だからである。

したがって，金額については譲歩することが決まっていても，その金銭に代わる条件の設定が重要である。典型的なのは，謝罪条項である。ここで謝罪条項等を中心に解説する。

まず，和解というのは，仲直りという意味ではなく，双方が譲り合って一定の条件に合意して紛争をやめることをいう。そして，和解においては，裁判の内外を問わず，和解条項（呼び方は様々である）を定めて，その条項で合意（契約）をして，成立させるということになる。

和解は非常に奥深い分野であり，そのメリットはいろいろと論じられているが，特にネットトラブルで顕著なのは，予想外の結果になるリスクを回避できるということと，金銭以外の請求を行うことができる，という点にある。

上述のリスクについては，和解というのは，当然だがお互いが和解条項を確認した上で成立させる。そのため，和解する内容，条件は，お互いが事前に納得，理解したものであり，予想外の内容になることはない。一方で，判決では

そうはいかない。100万円請求して，それが0円になるのか，100万円になるのか，予想はできても保証はできないからである。これに対して，たとえば30万円で和解をするというケースでは，少なくとも30万円未満しか請求できなくなるリスクは回避できたことになる。特に，従前述べてきたように，請求金額に対して認められた金額が僅少である場合，過大な請求をした，あるいは，実質的に自社が敗訴であるという趣旨で，さらなる攻撃に利用されてしまうリスクがある。そのようなことを避けることができるというのは，ネット上の表現トラブルにおいて和解を選択する極めて大きなメリットである。

また，和解においては，金銭支払以外の条項についても，これを定めることができるというのが大きなメリットである。この種の事案において典型的なのが謝罪条項（陳謝条項）や，守秘条項である。

前者は，和解条項の中に，「被告は，原告に対し，本件について陳謝する」というような定めを入れるものである。これは，実際に被告が原告を訪れる，法廷で謝罪する，そのような意味ではない。これに合意をすることが謝罪である，という趣旨である。

名誉毀損の被害者については謝罪広告を加害者にさせる（民法723条）ことができるケースもある。ただし，ネット上の誹謗中傷でこれが認められることは稀である。基本的に，これは，週刊誌などの大手メディアで，政治家が事実無根の報道を繰り返されたなど，大きな悪影響が継続して残ることが見込まれるようなケースに限られると考えてよい。

次に，守秘条項は，双方が事件について秘密にするという約束である。裁判は公開されている。しかし，裁判が公開されているからといって，裁判所が行う公開方法，つまり，公開法廷における審理や，記録の閲覧以外の方法で事件を公にすることが当然に許されるわけではない。そのため，事件についてみだりに口外すれば，それはまた，別の不法行為に該当し，賠償請求の対象になる。

もっとも，その範囲は不明確である。裁判というのは社会公共の大事な事件なので，ある程度は公にすることが許容されることもあるだろう。そこで，守秘条項により，双方が守るべき範囲を明確化しておくというものである。また，

守秘条項は，双方が同じ義務を負担しなくてもよい。たとえば，企業として，コストを費やして解決した事実を公にしたいことも多いだろう。そのような場合は，加害者被告は一切を秘密にしないといけないが，原告は，被告の個人情報を伏せた上で，事件解決の顛末を公にすることができるという定めをすることになる。これについては，よく行われている合意である。その他は，これを守る限りは一切の賠償金を請求しない，ただし，違反した場合は違約金（100万円程度が多い）を請求するというように定める。もっとも，相手方の違反の事実を自社がつかむのは難しいことなので，違約金などの定めは，心理的な拘束にすぎないというべきである。

　以上をまとめると，金銭については譲歩して0円か僅少にする，被告は原告に陳謝する，双方秘密を守る，その例外として一定の事実を原告（被害企業側）は発信できるとする，今後，被告加害者は同様の行為に及ばない，他に債権債務（お互いの貸し借り，権利義務について）は一切ない，と定めるということになる。

　なお，金銭で譲歩をした以上は，他の部分については，いろいろな定めがある。発信者にとって負担が少ないほうから並べると，次のようになる。

Ⅰ　特に何も定めない（賠償金なし，双方秘密，というのみ）。
Ⅱ　陳謝条項を定める。
Ⅲ　Ⅱに加え，被告の個人情報を除き，原告は，顛末を公にすることができる。
Ⅳ　Ⅲに加え，反省文の提出を求める。
Ⅴ　Ⅳに加え，その反省文について個人情報を除いて，公にすることができる。

　実際は，Ⅰになるのは，裁判経過で自社が敗訴するリスクが生じたときのような特殊な事情があるという案件のみでしか想定できない。

　一番多いのがⅡであるが，この場合は，一定の金銭負担を求めることが多い。

　さらに，金銭面で0円ないし大幅に譲歩するのであれば，ⅢかⅣまで対応さ

せることが多い。企業側としては，あまり苛烈な要求をして，それを逆手にネット上で攻撃される材料を提供してしまっては本末転倒である。そこで，Ⅲあたりの対応を求めることが，一番バランスがとれていると思われるので意識されたい。

　ただし，これはあくまで目安であり，和解の最大のメリットは，双方の合意があれば自由に定めることができるということである。相手方について発信力がある場合は，訂正文を発信させることや，相手方のこれまでの行為をないかのようにさせるような条項を定めることも検討するとよい。相手方について発信力がなければ，上記Ⅲ程度でよいが，一方で発信力があり，虚偽の情報を多くの人が受け取ってしまっている段階では，Ⅴまで設定し，反省文は，反省というよりも事実の訂正を中心にし，自社だけでなく，相手方が用いた SNS も利用して発信する，というように定めるべきである。

　このあたりは，相手方との交渉次第であるが，一方で，自社の被害把握が何よりも重要となる。前著（『インターネット・SNS トラブルの法務対応』8頁）においては，被害の把握について詳しく触れているので参考にされたい。

コラム 8

決裁権者の説得と企業の担当者と弁護士の協力

　以上のとおり，ネットトラブルでは，金銭的に高額な賠償を得ることは困難であること，だからこそ，和解によって，金銭以外の条件を引き出すことが重要であると述べてきた。また，ネットトラブルを引き金にさらに起こり得る被害を防ぐことができれば，結果的に金銭以上のメリットを得ることが可能であることについても解説した。

　逆に，金銭賠償にこだわった場合，結果的に裁判所が認めた金額が，自社の請求金額を大幅に下回る（10分の1未満など）場合は，過大な請求をした，いわゆるスラップ訴訟であるなどの誹りは免れない。もちろん，日本の慰謝料に関する法制度上，そのような結果になることはやむを得ないことである。本来的には，自社として，違法性や被害は認められている以上は，非難されるいわれはない。しかしながら，実際問題として，世間はそのように考えてくれない。裁判に対する忌避感というのは，「裁判をするにしても，最低限にするべきで，認められるギリギリで請求するべきである」という考えも内包するようである。もちろん，法制度上，ギリギリを請求するということは不可能であり，誤った思い込みである。

　そこで，和解交渉をするが，そう簡単なものではない。和解交渉というと，相手方に自社の要求する条件を飲ませること，それが大変であるという印象がある。もちろん，そのような印象は間違いではない。むしろ，和解成立のための苦労の相当部分が，相手方にどうやって譲歩をしてもらうかということを占める。

　もっとも，それ以上に大変であり，かつ，企業の法務担当者にとって悩ましいことこの上ないのが，企業の決裁権者を和解に合意させる，ということである。これは，弁護士にとっても同じ悩みがあり，被害者側，特に落ち度のない被害者に対して，譲歩して和解をすることについて説得することは非常に難しい。なぜなら，「自社は被害者であって，相手は加害者である。むしろ，先方が，こちらに許しを請うて，いろいろと提案をするべきだろう」という意識があるからである。この感情は非常に自然なものである。だからこそ，説得は難しいし，慎重に言葉を選ぶ必要がある。

　前著でも解説し，本書においても繰り返し述べているとおり，この種の事案においては，被害回復に十分な金銭賠償を得ることは難しい。だからこそ，和解で金銭以外を獲得することが，むしろ利益であること，再発防止が重要であるところ，和解は，一罰百戒，他の加害者との関係でも有利であること，折に触れて，訴訟に提起する段階ではもちろん，それ以降も，進捗があるごとに説明をするべきである。

　このような難しさは，被害者意識はもちろんのことであるが，和解の仲直りや許すなど，そのようなイメージを伴ってしまっていることにも原因があるようである。

　説得の方法は千差万別であるが，説得の材料に用いるべき事項は次のとおり列挙したので，事情に応じて活用されたい。

Ⅰ　そもそも和解は「仲直り」や「許し」ではない。ある程度のところで，双方手を打つ，というものである。だから，和解は負けではないし，譲歩することはあるが，相手方が任意に和解の内容を実行するので，むしろ，譲歩する代わりに，ただちに言うことをきかせるという取引であるともいえる。

Ⅱ　裁判の相当部分は和解で終了しており，珍しいものではない。特にインターネット案件では，相手方が一方的に悪い，それについて争いが実質的にないケースでも，任意に守ってもらうことを目的に，和解はよく行われている。

Ⅲ　守秘条項を定めることで和解で許される，そのような誤解を第三者にされる可能性は極めて低いものにすることができる。

Ⅳ　和解であれば，金銭以外の解決が可能である。謝らせる等である。反省文を出させるなど，そのような交渉も可能である。

Ⅴ　金銭に固執した場合，判決では，金銭の支払以外を求めることができない。

Ⅵ　判決で金銭の支払が命じられても，実際に回収することは，非常に大変である。この種の案件の相場からすれば，弁護士費用のほうが高くつく場合すらある。

Ⅶ 勝ち負けの問題がある。仮に，投稿の違法性が認められて支払が命じられても，周囲は自社の勝ち，正当性を認めないかもしれない。全体の2割や，その程度の認容であった場合，実質的に敗訴である，恫喝訴訟，そのような言いがかりをつけられるリスクがある。

　和解について説得するのは，弁護士が紛争案件，訴訟案件を扱う上では非常に重要な技術である。もちろん，外部の弁護士を依頼している場合でも，この点についてよく知っておくことは，事件を円滑に進める上で，ネット上の表現トラブルに限らず非常に有益なので，把握しておくと有益である。

　和解には仲直り，許し，そのような誤解があるため，その誤解を解くことが第一である。その上で，判決の内容と，それを実現することには，非常に大きな距離があること，和解であれば，任意に履行してもらえるので，円滑で有利に，むしろ，自社が本業以外の紛争で時間をとられないために自社のために和解するという認識を持ってもらうことが重要である。

⑩　判決のリスク

　⑩については概ね，④で述べた点と同じである。つまり，実務上，判決では一部しか認められないし，それは当然であるし，それが必ずしも実質敗訴ということを意味しないけれども，請求金額の1割2割しか認められなかったため，実質敗訴や，そのような誤解や言いがかりをつけられてしまうリスクがある。

⑪　強制執行のリスクと抑止効果

　それに加えて⑪，つまり強制執行のリスクもある。判決というのは，それが出たからといって，勝手に裁判所が取り立ててくれるというシステムにはなっていない。相手方である被告（執行段階では債務者という）が任意に判決に従わないのであれば，法律上の手続を用いて，それを強制する必要がある。それはまた別の手続である。

　金銭を支払わせる場合は，具体的には，債務者の財産を差し押さえるということになる。これが非常に厄介であり，債務者の財産を特定する必要がある。つまり，判決文を裁判所に持っていって，「この人，お金を払わないので，差し押さえてください」と言っても，裁判所は差押えをしてくれない。「わかりました。それで，どの財産を差し押さえましょうか」と返されることになる。

　債務者の財産については，具体的には銀行口座，不動産，給料，家財道具などがある。もっとも，不動産や家財道具については，基本的に差押えが難しいことも多い。そうなると，銀行口座や給料が差押えの第一選択肢となる。

　もっとも，銀行口座にせよ，給料にせよ，債務者の財産というのは，他人の財布の中身なので，自社が当然にわかることではない。しかも給料においては，債務者の勤務先の特定が必要であり，銀行口座においては，銀行によるものの，基本的に都市銀行においては，支店名まで特定する必要がある。

　そもそも，ネットトラブルの当事者は，それまで現実には接点がなかったことがほとんどである。そのため，勤務先がわかるなどということは，まずあり得ない。また，銀行口座についても，当事者の住所はわかっていても，最寄りの銀行の支店の口座を保有しているとは限らない。以前，別の場所に住んでい

た時に，最寄りの支店で口座を開設したということも珍しくないからである。そして，そうであっても，ネットバンキング等が普及した今日においては，当事者に何らの不都合もない。

　そのため，執行は困難になることが多いが，この困難性というのは，法律にそれなりに詳しい者でも勘違いしていることが多い。判決までいく，強制執行をするとなると，法曹実務家か，金融業等の会社の従業員くらいしか，体験しないためであろう。

　なお，このような執行の困難性というのは，下された判決が遵守されないということになり好ましいことではない。そのため，法改正が行われ，具体的には，債務者の財産を特定する必要があるという原則は維持されているものの，関係機関に債務者の財産情報を提供してもらう，または財産開示といって，債務者を法廷に出廷させて，財産について報告をさせる，拒否や虚偽の陳述には刑事罰（民事執行法213条1項5号・6号により6カ月以下の懲役または50万円以下の罰金が定められている）の制裁もあり，強力な手続である。

　しかし，財産をいくら開示してもらっても，ないものはとれない。あるかないかは，実際に手続をしてみないとわからないという問題もある。

　さらに厄介なのが，財産開示の管轄の問題である。財産開示については，法は，その管轄する裁判所について「この節の規定による債務者の財産の開示に関する手続（以下「財産開示手続」という。）については，債務者の普通裁判籍の所在地を管轄する地方裁判所が，執行裁判所として管轄する。」（民事執行法196条）と定める。この「債務者の普通裁判籍の所在地を管轄する地方裁判所」というのは，要するに，債務者，つまり，支払を命じる判決が下されても支払をしない被告の所在地の裁判所という意味である。

　ネットトラブルにおいて，特にネット上の表現トラブルにおいては，被害が日本中で発生するため，通常は，被害者の地元の裁判所で管轄が認められることが多い。しかし，財産開示においては，その相手の地元ということになる。そして，ネットトラブルは，その性質上，加害者が日本中に散らばっているため，必ずしも，被害者である自社の近くにいるとは限らない。そうすると，遠

方の裁判所で実施しないといけないということで，コストが非常にかかること
がある。

　財産開示により加害者の財産状況を知ることができる。また，財産開示の手
続が実施されると，債務者つまり加害者には，裁判所から呼出状が届く。呼出
状には，事前に書面で財産状況を提出する必要があること，裁判所に出頭しな
ければならないこと，そして，これに違反すると刑事罰の制裁があることが記
載される。債務者にとっては負担であるし，これで，自己の責任を自覚し，（あ
るいは，もう逃げられないと観念して）任意の支払に応じることも多い。

　財産開示の手続は，財産を知ることができるという効果もさることながら，
任意の履行を促す効果も強い。財産開示はコストがかかるが，強力な手続であ
ること，ただ，それでも財産がない相手には手も足も出ない，という最後の手
段に近いものであると理解されたい。

⑫　結果についてどこまで告知するべきか。事件番号など

　さて，これまで，「裁判は大変だし，自社のリスクが大きい」ということを，
繰り返し述べてきた。ただし，それでも裁判をやって実際に勝訴判決を得た場
合は，できれば，これを活用したい。つまり，自社に行われた行為が違法であっ
たこと，投稿されていた批判に根拠がない，違法であることについて，裁判所
が公に判断を下したのであるから，これを公にして，一罰百戒的な効果を狙う，
また，これまでの中傷等で失われた評判を回復したいと思うのは自然なことで
ある。

　しかし，これについてはどこまで公にするかを慎重に考える必要がある。

　裁判というのは，公開が基本である。法廷は公開されている。ただし，実務
上，民事訴訟においては，口頭で弁論するといっても実際に詳細な主張内容を
口頭で述べることは稀である。実際には事前に提出しておいた書面のとおり陳
述するということを宣言するという，儀式的なものとなる。また，弁論準備手
続など，非公開の手続も用意されており，そうなると傍聴もできなくなる。

　したがって，裁判は，特に民事訴訟は，傍聴しただけでは公開されていると

いう程度に情報を入手することは通常は困難である。

　もっとも，以上は，実際に行われる法廷の話であり，判決なり裁判記録となると，話は別である。裁判記録には，判決文や手続の記録だけでなく，双方の主張や請求を記載した訴状や答弁書，準備書面，さらには証拠書類のコピーが添付されている。証人尋問などがあれば，双方，何を聞かれて，どう答えたのか，裁判のすべてが記録されているといってよい。この裁判記録は，複写については当事者や一定の利害関係のある者しか行えないが，閲覧については，誰でも行うことが可能である。また，コピーは不可能であるといっても，メモをとる，それも，書面の内容をほぼ同じように書き写すことはよく行われている。

　誹謗中傷，それもネット上のケースでは，ネット上で注目されていることが多い。そうなると，興味関心のある者，しばしば，自社に敵対的な加害者が，さらに加害の材料があるか，あるいは，自分に責任追及がされる可能性があるか偵察するために，閲覧をすることも珍しくない。裁判の結果を告知することは，せっかくコストを費やしたのであるから，警告的な効果を狙って公にすることは有効であり，ぜひやっておきたいことであるが，以上のような事情，リスクを考慮に入れる必要がある。

　すなわち，自社の発表と実際の裁判の経緯，結果が異なると，それはそれでまた攻撃の材料とされかねない。

　また，証拠書類には，自社の売上，従業員の賃金，労働時間など，被害立証のために提出したが，秘密にしておきたいものがあるかもしれない。それらを閲覧されることもリスクである。さらに，そのような可能性があるとすると，従業員や取引先は裁判に協力することについて消極的になってしまうという問題もある。

　さて，基本的に，裁判記録を閲覧するには，裁判所と事件番号の情報が必要である。したがって，仮に発表するにしても，裁判所について明記するかどうかは慎重に考えるべきである。具体的に，法的措置をとっていることについて，疑われている事情があれば，裁判所名などを明らかにしてもよいだろうが，そうでなければ，あえて明らかにする必要はない。

　次に，事件番号については，公にすることは一般的ではないので，発表する必要はない。これまで知らせてしまうと，裁判記録を容易に閲覧されてしまう可能性があるからである。

　なお，他に，裁判記録との関係では，判決文であるが，判例データベースの問題もリスクとして考慮する必要がある。判例データベースとは，法律系の出版社などが提供しているインターネット上のサービスで，古今の判決文を検索して閲覧ができるというものである。判決文について，裁判所の公式ウェブサイトでも公開されているが，それはごく一部にすぎない。判例データベースであっても，すべての判決文を網羅しているわけではないが，収録している件数は，裁判所の公式ウェブサイトの比ではない。これらは，もちろん当事者名は匿名化されており，その限度でプライバシーは守られている。しかし，事件番号や判決日からの検索も可能であるところ，これを公表してしまうと，それらしき判決文にたどり着けてしまう。匿名化されているとはいっても，事件の概要さえ知っていれば，「これは，あの会社の事件のことだな」ということはわかってしまう。

　判決で勝訴したといっても，完勝ということは，基本的に稀である。④で述べたように，金額の一部のみが認められるのが通例である。加えて，判決文には，双方の主張と反論の概要と争点，そして，争点に対する裁判所の判断が記載される。一部でも認められない部分があると，それが誹謗中傷の材料にされる可能性もある。たとえば，名誉毀損ではしばしばあるのだが，自社がデマであると主張し，相手方が真実か，少なくとも相当な根拠があると主張するケースを考えてみる。一定部分については相当な根拠があるが，それ以外についてはないということで違法性が認められる場合には，その不名誉な事実の一部は真実だと裁判所がお墨付きを与えた，ということになってしまう。

　あり得る例を出すと，残業の問題について，サービス残業（残業代不払い）が常態化しており，残業時間も長時間であるという投稿をされたケースを考えてみる。このようなケースにおいて，自社は，残業が長時間ではないこと，残業代の支払をしていることを主張し，被告相手方は，サービス残業に根拠があ

ると争ったとする。その結果，自社は，タイムカードから残業時間を算定して適正に支払はしていたが，現場の上長などの指示で，勝手にタイムカードの打刻を前倒しして，長時間ではないが，サービス残業が行われることがあった，という事実が明らかになったと仮定する。そうすると，若干のサービス残業はあったが，長時間で常態化とまではいえない，という判断が下されることになるが，程度問題とはいえ，一部，サービス残業の事実が裁判所に認定された，ということになってしまう。

　また，これは個人ではなく企業特有の問題であるが，会社名が判例データベースに収録されてしまうというリスクもある。

　基本的に判例データベースにおいては，固有名詞は匿名化される。判例データベースは，過去の判断事例から，法的な検討を行うためのツールであって，当事者の過去の履歴を明らかにすることを目的としていないからである。もっとも，会社名（法人名）については，これをあえて隠す必要性が低い，むしろ，どのような裁判を行っているか，法人について明らかにすることは公共の利益にも合致するという考えからか，匿名化されていないことも多い。そうすると，判例データベースに会社名を入れると，その会社が当事者になっている判決の一覧が表示されることになる。

　ネット上の表現トラブルに限らず，残業代不払いやセクハラやパワハラ，不当解雇などの労働問題が表示されると，その企業に対する社会的評価が低下するリスクもある。

　もちろん，出版社が提供している判例データベースは，有料であるし，それなりの金額，契約期間を要求されるので，一般市民が利用することは考えがたい。仮に，企業に対する中傷のために利用することを思いついても，そのためだけに，しかもどれくらい情報が手に入るかわからないのに，判例データベースを契約する者は稀であろう。もっとも，大学図書館などでは，学生向けに判例データベースが開放されていることも多い。そうなると，学生や，就職先について調べるために検索するということも全く想定できないわけではない。そんなことを調べる学生がいるのかと思われるかもしれないが，就職先として検

討している会社については，最近の学生は徹底的に調べる。だからこそ，就職
情報サイトのクチコミが企業にとって大きな影響を与えることもしばしばある。

　個別案件とは離れるが，相談している弁護士に，そのような事情が自社につ
いて発生していないかを確認してみるのも一考すべきであろう。裁判記録すべ
てを隠すことはできないが，証拠書類のうち，売上情報，企業の秘密に関係す
るもの，従業員のプライバシーに関するものがある場合には，訴訟記録につい
て閲覧制限を申し立てることも検討するべきである。

　民事訴訟法は，次のように定めている（民事訴訟法92条1項柱書）。

> 「次に掲げる事由につき疎明があった場合には，裁判所は，当該当事者の申立て
> により，決定で，当該訴訟記録中当該秘密が記載され，又は記録された部分の閲
> 覧若しくは謄写，その正本，謄本若しくは抄本の交付又はその複製（以下「秘密
> 記載部分の閲覧等」という。）の請求をすることができる者を当事者に限ること
> ができる。」

　この中に，「次に掲げる事由」とあるが，それは2つある。「一　訴訟記録中
に当事者の私生活についての重大な秘密が記載され，又は記録されており，か
つ，第三者が秘密記載部分の閲覧等を行うことにより，その当事者が社会生活
を営むのに著しい支障を生ずるおそれがあること。」「二　訴訟記録中に当事者
が保有する営業秘密（不正競争防止法第2条第6項に規定する営業秘密をいう。
第132条の2第1項第3号及び第2項において同じ。）が記載され，又は記録さ
れていること。」である。

　1つ目は，当事者のプライバシーの問題であり，企業の場合は基本的に関係
がない。2つ目については営業秘密であり，これは企業にとって関係がある。

　この「営業秘密」の定義については，不正競争防止法という別の法律に委ね
られており，次のように定められている（不正競争防止法2条6項）。

> 「この法律において「営業秘密」とは，秘密として管理されている生産方法，販売方法その他の事業活動に有用な技術上又は営業上の情報であって，公然と知られていないものをいう。」

　この文面からは，事業上のノウハウなどはもちろん，取引先，取引の価格，売上なども一切を含むことが理解できる。

　この閲覧制限については，訴えの最初の段階より先，訴状を出す前に，担当弁護士とよく検討されたい。閲覧される前に閲覧制限を申し立てないと意味がないからである。

　また，閲覧制限の要件は法律上は厳しいが，実務上，かなり裁判所は柔軟に認めてくれる。ただし，制限をした（マスキングをした）資料は自社で用意するようにいわれるのが通例である。また，秘密にするべき部分を選別する作業は手間がかかるものである。

　したがって，提訴時点までに，閲覧制限を求めるか，その範囲はどうするかを決め，閲覧されたくない書面については，提出と閲覧制限は同時に申し立てるようにするべきである。

　このあたり，同種事案の経験のない弁護士であると，看過されがち（実際に，閲覧されて秘密情報が知られてしまい，その後に，あわてて閲覧制限を申し立てるが，かえって話題になってプライバシーが侵害されるなどの事件が発生している）であるので，自社から，依頼をしっかりとしておくべきである。

(5)　刑事裁判の関係とリスク

　これはネットトラブルに限ったことではないが，相手方の加害行為が犯罪を構成する場合には，刑事責任の追及についても留意が必要である。

　自動車教習所では，交通事故の責任は，賠償しなければならないという民事上の責任，運転免許に関する行政上の責任，そして，刑事上の責任があると解

説されることも多い。ネットトラブルも，インターネットに免許制はないので，基本的に行政上の問題はないにしても，民事上の賠償責任と刑事上の処罰を受ける責任，この2つが問題となる。

　刑事裁判については，検察官が起訴つまり裁判を起こして進めるため，自社のやることとしては，そのようにするように促すという程度である。具体的には，刑事告訴といって，刑事処罰を捜査機関に求める申告をするということになる。

　刑事訴訟法230条は，「犯罪により害を被つた者は，告訴をすることができる。」と定めている。名誉毀損については親告罪といって，この告訴がないと，そもそも検察官が起訴つまり刑事裁判を始めることができないということになっている。刑法232条1項は「この章の罪は，告訴がなければ公訴を提起することができない。」と定めている。「この章」とは，第34章であり，ここに名誉毀損罪や侮辱罪が定められている。

　厄介なのが，刑事訴訟法235条本文の「親告罪の告訴は，犯人を知つた日から6箇月を経過したときは，これをすることができない。」という定めである。つまり，名誉毀損罪は親告罪であり，告訴がないと処罰ができない。しかし，親告罪なので，その告訴は犯人を知ってから半年以内に行わないとならないということになる。

　半年もあれば十分と思われるかもしれない。しかし，実際問題として，捜査機関に刑事告訴をしても実際に処罰してもらえるケースは，よほど悪質でないと難しい。したがって，刑事告訴は，交渉材料の1つとされる。具体的には，「請求に応じないと，民事裁判の他に，刑事告訴もする」と予告することは常套手段として行われている。

　ただし，交渉には時間がかかることも多い。そうなると，交渉中に半年が経過してしまい，刑事告訴というカードを失ってしまうこともしばしばある。半年もあるのに，そのようなことがあるのかと思われる方も多いかもしれない。しかし，筆者が投稿者側で弁護をした経験でいうと，かなりの割合の案件で，刑事告訴を声高に予告してはいるけれども，結局，交渉は成立せず，刑事告訴

の期限は経過してしまったということが多い。

　したがって，ここでの注意点としては，刑事処罰にこだわるのであれば，交渉材料にするのではなく，ただちに刑事告訴に進むべきということである。交渉材料にすると，そうしている間に，上記の期間制限が経過してしまうことも多いからである。また，刑事告訴により捜査が開始された場合，加害者に弁護人がつく場合も多い。そうなると，弁護人経由で，合理的な示談交渉が可能な場合も多い。このような場合は，示談成立を条件に告訴を取り消すということも可能であり，相手方としては刑事処罰をどうしても避けたいということで，自社の要求に沿う条件にも相当程度合意してくれる可能性が高い。

コラム9
　　　加害者の会

　「被害者の会」という言葉がある。主に消費者被害や，公害，薬害被害などで，同じ被害を受けた人々が団体を結成して，協力して被害回復や真相解明を目指すというものである。

　逆に「加害者の会」というのは聞き慣れない言葉であるし，もちろん，自らそう名乗っている団体があるわけではない。しかし，実質的に，加害者たちが集まって共同戦線を構成するようなケースがある。被害者の会に対して，まるで加害者が集まって同じような目的を目指すので，「加害者の会」と筆者は呼び慣らわしている。

　もっとも，被害を主張する側にも，発信者側にも，それぞれの言い分がある。発信者であって請求を受けたからといって（違法な）加害者であることが確定しているわけではない。また，発信者同士が団体を結成して協力すること自体は違法行為ではないし，特に社会的に非難されるべきであるとまでも言えない。

　ここで「加害者の会」というのは，あくまで被害を主張する側からみた，発信者の団体のことをいう，と理解されたい。

　さて，このような「加害者の会」が構成されるのは，ネット上における誹謗中傷被害，デマ流布の特有の現象である。不特定多数の人間が，同じような動機，あるいはデマに誘導され，そして同様の投稿をする者に刺激されて，同様の違法な投稿を繰り返すということが，通常よくあるパターンであるからである。

　「被害者の会」が同じような状況で被害に遭った人々が多数発生することにより構成されやすいということと同様に，「加害者の会」も同じような加害行為を原因として，同じように責任を追及されているということで構成される，ということである。

　責任を追及する被害者側としては，概ね次のような点に注意をする必要がある。

　Ⅰ　集団訴訟のルールの問題
　Ⅱ　情報交換のリスク
　Ⅲ　二次被害のリスク

それぞれ，説明する。

まず，日本では，消費者被害の一部を除いて，基本的に特別な集団訴訟ルール，米国のクラスアクションのような特殊な訴訟制度はない。

集団訴訟というのは，複数で訴え，あるいは，複数が訴えられる訴訟をいう。法律上は「共同訴訟」といわれ，講学上は，複雑訴訟ともいわれる。これについて，民事訴訟法38条は，「訴訟の目的である権利又は義務が数人について共通であるとき，又は同一の事実上及び法律上の原因に基づくときは，その数人は，共同訴訟人として訴え，又は訴えられることができる。訴訟の目的である権利又は義務が同種であって事実上及び法律上同種の原因に基づくときも，同様とする。」と定めている。要するに，同じ権利義務を請求するとき，あるいは，同種の事件に関する権利義務に関係するときは，複数で訴える，つまり複数が原告になり，あるいは，複数を訴える，つまり複数を被告として裁判を行うことができる，ということである。

もっとも，民事訴訟法は，集団で裁判をする場合でも，基本的には，特別なルールが適用されるような仕組みにはなっていない。たとえば，被害者が1名，つまり自社原告が1名，加害者が複数，つまり被告が複数の場合は，理論的には，原告－被告A，原告－被告B，原告－被告Cというように，1対1の訴訟が3本並列するようになる。

もっとも，基本的に証拠は共有される。また，自社の主張も限定しなければ，被告A，B，C全員に対する主張，反論となることが事実上多い。その意味で，自社の手間暇，コストは節約できる。

もっとも，それは，相手方にとっても同じである。裁判を起こす場合，訴状には，原告と被告の氏名（名称）と住所（所在地）を記載し，同じものが各被告に送達されることになる。これは，実際に筆者の担当事件でも過去にあったことであるが，こうして同じ関連事件で複数の被告が訴えられると，お互いに連絡を取り合うということがしばしば行われる。もちろん，各自に弁護士を選任すれば，弁護士としては，他の被告との情報交換を行うために連絡を試みるのは通常ある。しかし，弁護士を選任する前に，各被告が連絡を取り合うと，やや厄介なことになる。この場合，最初から共同戦線を張って，1人の弁護士を選任して対応するということになる。そうなると，相手方は相手方で，かなりコストを節約して対

応をすることができる。

　情報共有もされて訴訟上は手強くなるし，相手方としても，心理的にも複数いるということになれば，「金額で妥協するから，謝罪などで譲歩してほしい」などという提案もとおりにくくなる。

　また，被告が複数いると，その裁判の資料をもっている者が，複数存在するということになる。そうすると，これも近時はインターネットで流行しているのであるが，自社の堤出した書面をインターネットにアップロードされて，無茶な主張をしているなどと，誹謗中傷の材料にされてしまうこともあり得る。

　もちろん，裁判が公開されているからといって，裁判資料のアップロードは違法になることがある。もっとも，複数の被告がいて，同じものを持っているのであれば，誰がアップロードしたのか，わからないこともある。

　「集団訴訟」という言葉は，弁護士からすると，相談者・依頼者からは，比較的頻出の言葉である。集団でやれば，数の力で有利になるのではないかというものである。実際は，以上のとおり，単独の裁判のルールが原則として適用されるので，大きく有利不利が動くことは多くはないが，この種の事案においては，被告側が集団になることで，自社にとって不利になることはあり得る。

　すなわち，以上に述べたように訴状から被告相互の連絡先がわかるため，共同戦線を張られてしまう，情報交換をされる，誰かわからない（候補が複数人いるので，誰の仕業かわからない）形式で訴状などの裁判資料がアップロードされてしまう，ということである。

　このようなリスクを減らすには，訴える相手を，ごく少数に絞る，選ぶというのが得策である。被害の程度が大きい，あるいは，内容が明らかに悪質であって裁判で反論できそうにないものである，未だに違法行為を繰り返しており，個人的にも抑止の必要性が高いものに絞る，などである。

　なお，他にも，バラバラに訴える，つまり，7人いたら，1人ずつ7回訴えるといった方法もある。

　しかし，このようなケースでも，インターネットの匿名掲示板などで，○○社に訴えられた等で情報交換をされるリスクはゼロではない。また，最初にまとめて訴えられなくても，弁論の併合という制度がある。民事訴訟法152条1項には「裁判所は，口頭弁論の制限，分離若しくは併合を命じ，又はその命令を取り消

すことができる。」という定めがある。これは，裁判をバラバラに起こしても，後でまとめられてしまうことがある（逆に，まとめて訴えても，あとでバラバラにされることもある）ということである。

　裁判は公開されるという原則がある。もちろん，これは法廷に現れたことを全部公にしてよい，という意味ではない。裁判の公開制度があるからといって，これを無限定に別の場所で公にしてはならない。この点については，非常にわかりやすい裁判例がある。これによれば，「裁判の公開の制度により訴訟記録や対審が原則として公開される趣旨は，訴訟手続の公正を担保することにあり，国民に当該訴訟の内容を周知させることにあるものではないし，実際に同制度によって個々の訴訟の内容が国民一般に広く知られているわけでもない。したがって，右制度の存在を理由に私人が民事訴訟を提起されたとの事実をみだりに公表されない法的利益を否定することはできない」（東京地判平成17年3月14日判時1893号54頁）。

　インターネット上には，故意か過失か，裁判は公開されているから別の場所でも公開してもよい，あるいは，ある場所で公開されたものは，自分たちが別の場所で公開してもよい，という誤解が蔓延している。もちろん，これらは不法行為であるが，企業として，関係者や相手方が不法行為をする可能性を十分に考慮に入れ，場合によっては，このような「加害者の会」が相手になることに留意する必要がある。

　このあたりの事情は，むしろ，現実に流布されているデマなどを調査した企業側の人物こそよく知っていることなので，最初の段階から，担当弁護士に情報を共有しておくことが重要である。

索　引

［著者紹介］

深澤論史（ふかざわ　さとし）

服部啓法律事務所　弁護士

2006年明治大学法学部卒業，2009年東京大学法科大学院修了，2010年弁護士登録
（第二東京弁護士会）。市民，著名人，企業のネットトラブル，弁護士や関係企業
向けの弁護士法令関係の業務を主に扱う。

〈著書〉

『インターネット・SNS トラブルの法務対応』（中央経済社，2020年）

『弁護士が教えるウソを見抜く方法』（宝島社，2020年）

ほか多数。

企業法務のための
ネット・SNS トラブルのルール作り・再発防止

2023年5月10日　第1版第1刷発行

著者　深　澤　論　史
発行者　山　本　　　継
発行所　㈱ 中 央 経 済 社
発売元　㈱中央経済グループ
　　　　パ ブ リ ッ シ ン グ

〒101-0051　東京都千代田区神田神保町1-35
電話　03（3293）3371（編集代表）
　　　03（3293）3381（営業代表）
https://www.chuokeizai.co.jp
印刷／昭和情報プロセス㈱
製本／侑 井 上 製 本 所

©2023
Printed in Japan

インターネット・SNSトラブル
の法務対応

深澤諭史 [著]

Ａ５判／236頁

　インターネット・ＳＮＳ問題への心構え、法的対応を解説。発信者情報開示請求を含め実際の法的手続の実行要否、企業と外部弁護士との協働の仕方等、実務ポイントを盛り込む。

本書の内容

中央経済社